Ferdinand Opll (Hg.)

… DAZ SI EIN RECHT PUͤCH SOLTEN HABEN …

FORSCHUNGEN und BEITRÄGE zur WIENER STADTGESCHICHTE

Ferdinand Opll (Hg.)
mit Beiträgen von Zita Breu, Andreas Fingernagel,
Karl Fischer, Alois Haidinger, Franz Kirchweger,
Max Krauss und Ferdinand Opll

… *DAZ SI EIN RECHT PU̍ͤCH SOLTEN HABEN* …

Kodikologische, kunsthistorische, paläographische und restauratorische Analysen zum Wiener Eisenbuch (14.–19. Jahrhundert)

f+b53

StudienVerlag
Innsbruck
Wien
Bozen

FORSCHUNGEN UND BEITRÄGE
ZUR WIENER STADTGESCHICHTE

Publikationsreihe des Vereins für Geschichte der Stadt Wien

Herausgeberin: Susanne Claudine Pils

Band 53

Zugleich: Veröffentlichungen des Wiener Stadt- und Landesarchivs
Reihe C: Sonderpublikationen, Band 15

Gedruckt mit Unterstützung
der Magistratsabteilung 7 – Wissenschafts- und Forschungsförderung

Fördernde Mitglieder des Vereins:

Gedruckt auf umweltfreundlichem, chlor- und säurefrei gebleichtem Papier.

Bibliografische Information der Deutschen Bibliothek
Die Deutsche Bibliothek verzeichnet diese Publikation in der Deutschen Nationalbibliografie;
detaillierte bibliografische Daten sind im Internet über <http://dnb.ddb.de> abrufbar.

ISBN 978-3-7065-4953-0

Titelbild: Wiener Stadt- und Landesarchiv, Hs. A 1/1 (Eisenbuch) Vorderdeckel

INHALTSVERZEICHNIS

VORWORT

Ferdinand Opll

Am 21. Jänner 1320 gestattete König Friedrich der Schöne nach Verhandlungen mit dem Wiener Rat und den Bürgern dieser Stadt, … *daz si ein recht pûch solten haben*, in das sie alle ihnen verliehenen Rechte eintragen sollten und das ihnen fortan als feste Grundlage all ihrer Rechtsansprüche dienen möge. Dieses „Buch“, das so genannte *Eisenbuch* im Wiener Stadt- und Landesarchiv, ist erhalten geblieben und darf in jedem Fall als die bedeutendste Rechtshandschrift im Besitz der Stadt Wien gelten. Es handelt sich dabei um ein in vieler Hinsicht ganz herausragendes, nicht zuletzt auch kunsthistorisch wie paläographisch hoch interessantes Schriftdenkmal. Angelegt bald nach der königlichen Erlaubnis von 1320 in einer durchaus würdigen äußeren Form, stand dieser Codex über ziemlich genau 600 Jahre aktiv in Verwendung, wurde freilich seiner äußeren Gestalt nach mehrfach verändert. Die jüngste Eintragung datiert jedenfalls aus dem Jahre 1819, und so ist das *Eisenbuch* nicht zuletzt auch ein Denkmal der Schriftentwicklung in Wien über viele Jahrhunderte, wie es dies sonst nicht gibt.

Dem Herausgeber und Verfasser dieser Zeilen sei an dieser Stelle doch auch eine persönliche Reminiszenz gestattet: Die hohe Reverenz gegenüber diesem herausragenden Schriftdokument und Archivale durfte ich im Herbst 1989 bei meiner Einführung in das Amt des Direktors des Wiener Stadt- und Landesarchivs unterstreichen. Damals ließ ich nämlich den sowohl seinem Einband als auch seiner inneren Ausstattung wegen schon lange als „Prachthandschrift“ geltenden Codex für diesen Anlass aus dem Tresor nehmen und auflegen. Schon um diese Zeit war freilich der seit längerem alles andere als gute Erhaltungszustand der Bindung augenscheinlich, ein Zustand der dann wenig später dazu führte, den Buchblock aus dem schweren Einband herauszunehmen und die Archivzimelie in dieser getrennten Form – einerseits Buchblock, andererseits Einband – aufzubewahren. Für die damals durchgeführten Arbeiten wie auch für in den letzten Monaten erfolgte Kontaktaufnahmen ist dem bis zum Jahr 2000 tätigen Restaurator des Archivs, Wilhelm Krychl, herzlich Dank zu sagen.

Von allem Anfang war es höchstes Ziel, den alles andere als befriedigenden Erhaltungszustand der Handschrift mittels geeigneter Maßnahmen wieder adäquat zu gestalten, somit die Bindung wiederherzustellen, ein Ziel, das umzusetzen doch zwei Jahrzehnte dauern sollte. Der Faszination, welche der Inhalt der Handschrift auf den Benutzer ausübt, wurde durch eine inhaltliche Erschließung, welche 1999 publiziert wurde, Rechnung getragen.

Nachdem mit dem Wiener Archivgesetz (2000) und dem Neubau für das Archiv in einem der früheren Simmeringer Gasbehälter („Gasometer“)

(Fertigstellung 2001) die Kräfte des Hauses mehrere Jahre lang stark in Anspruch genommen worden waren, wurden in engem Zusammenwirken mit dem seit dem Anfang des Jahres 2007 im Archiv tätigen Leiter der Restaurierabteilung, Max Krauss, von neuem die Möglichkeiten der erwähnten „Wiederherstellung" erwogen. Die Jahre der stets nur als Provisorium gedachten Aufbewahrung des wichtigsten Wiener Stadtbuchs in Form des vom Buchblock getrennten Einbandes waren freilich in vieler Hinsicht genutzt worden. Intensiv wurde insbesondere die Frage einer Rückführung des Buchblockes in seine angestammte Hülle diskutiert, Diskussionen, an denen neben dem Restaurator insbesondere auch Peter Csendes, der langjährige stellvertretende Leiter des Wiener Stadt- und Landesarchivs, sowie die Archivar/innen des Hauses Margit Altfahrt, Heinrich Berg und Christoph Sonnlechner beteiligt waren. Nur mit höchster Verantwortung war vorzugehen und eine Entscheidung herbeizuführen. Freilich war angesichts des gegebenen Zustandes klar, dass etwas geschehen musste. Eine Fortdauer der Aufbewahrung gleichsam in zwei Teilen war nicht zuletzt wegen der Gefahr von Verlusten – etwa des schon 1989 und davor lose dabei liegenden Messingbuckels, aber auch von Blättern bzw. Lagen der Handschrift selbst – keinesfalls angeraten.

In eine entscheidende neue Phase trat das ganze Projekt sodann, als es gelang, im Laufe des Jahres 2008 kollegiale Kontakte zu den Herren Andreas Fingernagel (Österreichische Nationalbibliothek), Alois Haidinger (Österreichische Akademie der Wissenschaften) und Franz Kirchweger (Kunsthistorisches Museum), etwas später dann auch zur Metallrestauratorin Zita Breu, aufzunehmen bzw. zu intensivieren und somit ein kleines Team zu bilden, das sich der Sache annahm. Dass dabei im Kontext der Recherchen und Untersuchungen aller Beteiligten, aber auch bei vielfachen Diskussionen innerhalb dieses Teams nach und nach sich eine ganze Reihe neuer Einsichten in die Geschichte des *Eisenbuchs* ergaben, war zunächst nicht vorherzusehen, hat die Abwicklung des ursprünglichen Restaurierprojekts allerdings zu einem echten wissenschaftlichen Erkenntnisgewinn werden lassen. Besondere Bedeutung kam in diesem Kontext auch der Bereitschaft meines Stellvertreters in der Direktion des Wiener Stadt- und Landesarchivs, Karl Fischer, zu, sich ebenfalls an den Recherchen zu beteiligen. Ihm ist der Hinweis auf eine Neubindung des späten 15. Jahrhunderts ebenso zu verdanken wie eine eingehende Auseinandersetzung mit der Frage nach der Benennung des Codex.

Für die stete Bereitschaft, fachliche Details zu Fragen restauratorischer Aspekte zu diskutieren, sowie für das uneigennützige Entgegenkommen beim Austausch technischer Erfahrungen und Ratschläge, das der Restaurator des Wiener Stadt- und Landesarchivs Max Krauss immer wieder erfahren hat, ist Dag Ernst Petersen, dem langjährigen Chefrestaurator der Herzog-August-Bibliothek Wolfenbüttel, und seiner Nachfolgerin Almuth Corbach, des Weiteren dem Chefrestaurator der Anna-Amalia-Bibliothek Weimar, Matthias Hageböck, sowie Karin Eckstein, Mitarbeiterin der Restaurierwerkstatt der Bayerischen Staatsbibliothek München, aufrichtig Dank zu sagen.

Ebenfalls herzlich zu danken ist den beiden Mitarbeitern der Technischen Universität Wien Martin Lettner und Florian Kleber. Ihre fachkundige Beratung und Durchführung der UV-Untersuchungen haben ganz wesentlich zur Identifizierung des Abklatsches auf den Innendeckeln des Eisenbuches beigetragen.

Bei der Auswahl der Abbildungen wurde mit großer Sorgfalt und Umsicht vorgegangen.

Wenn nun in den letzten Monaten meiner mehr als zwei Jahrzehnte umfassenden Tätigkeit als Direktor des Wiener Stadt- und Landesarchivs sich dieses Vorhaben tatsächlich seinem Ende zuneigt, dann wird das wiederhergestellte *Eisenbuch* auch im Kontext meiner Verabschiedung den ihm zustehenden, würdigen Platz finden können. Vor allem aber ist mit den hier vorgelegten Ergebnissen ein Fundament geschaffen, auf dem künftige Forschungen gesichert aufbauen können.

Wien, im Frühjahr 2010

Ferdinand Opll
(im Namen des gesamten Teams)

KODIKOLOGISCHE BESCHREIBUNG

Zita Breu – Alois Haidinger

Signatur: Wien, Wiener Stadt- und Landesarchiv, Hs. A1/1
Handschriftentitel: Rechtsbuch („Wiener Eisenbuch")
Entstehungsort und -zeit: Wien, 14. Jahrhundert (nach 1320) bis 1819
Beschreibstoff: Pergament
Umfang: 359 Blätter; zusätzlich 4 ungezählte, 2010 eingefügte Vorsatzblätter
Format: 420 mm x 312 mm (in Blattmitte gemessen)
Schrift: Zahlreiche Schreiber. Der 1434 tätige Hauptschreiber des Eisenbuches eventuell mit dem Stadtschreiber Ulricus Hirssauer identisch. Der mittelalterliche Teil des Eisenbuches fast ausschließlich in Textualis und Bastarda geschrieben.
Buchschmuck: Textanfänge fallweise durch Fleuronnéeinitialen, Lombarden oder Cadellen hervorgehoben. Aufwändiger Buchschmuck nur im Grundstock (fol. 1r–43r) des Eisenbuches; die großen Fleuronnéeinitialen der ersten Blätter zeigen enge stilistische Parallelen zum Fleuronnéedekor einer in Niederösterreich im ersten Viertels des 14. Jahrhunderts entstandenen Handschriftengruppe.
Einband: Barockeinband mit blindem Stempel- und Rollendruck; Wien, 1705. Gelbliches Schweinsleder über mittelalterlichen Holzdeckeln. Lederrücken des späten 19. Jahrhunderts. Neuer Rücken über echten Bünden in Folge der Restaurierung März 2010. Metallbeschläge (abgesehen von wenigen Ergänzungen) aus dem 14. Jahrhundert. Schließenpaar bestehend aus 2 Dornenschließenlager und 2 Ösenschließenriemen wurden im 18. Jahrhundert oder später hinzugefügt, unterer Schließenriemen fehlt seit den 1960er Jahren.

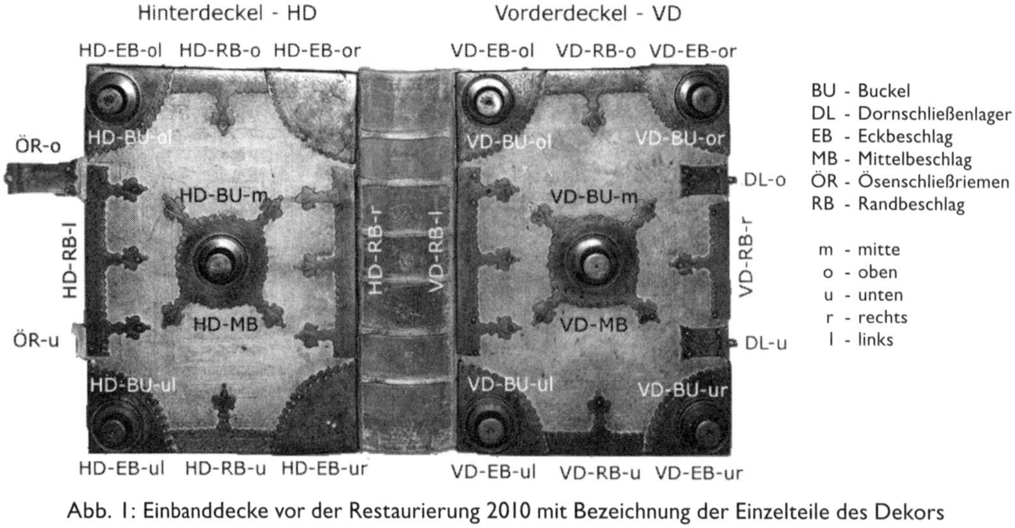

Abb. 1: Einbanddecke vor der Restaurierung 2010 mit Bezeichnung der Einzelteile des Dekors

DAS EISENBUCH IM MITTELALTER

Kodikologische und paläographische Beobachtungen

Alois Haidinger

Im Folgenden soll versucht werden, durch Analyse der äußeren Merkmale des *Eisenbuches* Aufschlüsse über den Arbeitsprozess bei der Führung des Stadtbuches im Mittelalter zu gewinnen. Schwergewicht wird dabei auf die Untersuchung der Schrift gelegt, um eine Vorstellung von den beteiligten Kräften und Aufschluss über den Zeitpunkt ihrer Tätigkeit zu gewinnen.

Der aus insgesamt 359 Pergamentblättern bestehende Buchblock misst in der Höhe 445 mm, in der Breite 320 mm und ist wie üblich im Zuge der Bindung der Handschrift allseitig um wenige Millimeter beschnitten worden. Dem bald nach 1320 angelegten Teil des *Eisenbuches* gehören die heute mit *c–m* und *1–322* foliierten Blätter an. Verbindendes Merkmal dieser Folien ist die sehr sorgfältig gezeichnete, einheitliche und in ihren Proportionen gleichbleibende Tintenlinierung. Die Mehrzahl der Doppelblätter zeigt an ihren äußeren Rändern Einstichlöcher, die als Hilfsmittel für das Ziehen der Tintenlinien dienten.[1] Der durch die Linierung definierte Schriftraum misst 312/313 × 215 mm und zeigt zwei Schriftspalten mit jeweils 43 Zeilen. Wie häufig in spätmittelalterlichen Handschriften gehobener Qualität zu beobachten, werden die die Schriftspalten begrenzenden Linien sowie die jeweils zweite und vorletzte Zeilenlinie jeder Seite bis zu den Seitenrändern durchgezogen.

Dem mittelalterlichen Buchblock ist ein 1705 angelegtes Titelblatt vorangestellt, das in der Eintragung … *liber iste, qui ob antiquitatem destructus erat, nova compagine a**CC**o**M**o**D**abat**V**r* … mittels eines Chronogramms das Jahr 1705 als Jahr der Neubindung des *Eisenbuches* nennt. Daran schließen die im 19. oder 20. Jahrhundert mit *c–m* foliierten Blätter mit einem im Zeitraum 1434 bis 1729 angelegten Inhaltsverzeichnis zu allen im *Eisenbuch* überlieferten Texten an. Unter dem Titel *Das ist die Tavel des gegenwurtigen grossen Statpuchs* werden auf fol. c recto (*Abb. 1*) bis e recto Z. 7 f. von ein und demselben Schreiber die auf fol. 1r bis 97v kopierten Texte und – nur auf c recto – die Standorte in roten

1 Dort, wo sich die Reihe der vertikal verlaufenden Einstichlöcher nicht erhalten hat, ging sie bei Beschnitt des Buchblocks verloren.

arabischen Ziffern verzeichnet.[2] Der Wechsel der Tintenfarbe von c recto auf c verso belegt, dass die Eintragungen offensichtlich nicht in einem Zuge erfolgt sind.[3] Der jüngste der im Inhaltsverzeichnis angeführten Texte, die Abschrift einer Urkunde vom 16. März 1434[4] auf fol. 97v, liefert den *terminus post quem* für die Anlage des Verzeichnisses.

Die erste der bald nach 1320 beschriebenen Lagen des *Eisenbuches* besteht lediglich aus zwei Doppelblättern, während die übrigen in dieser Zeit angelegten Lagen in der Regel jeweils aus vier Doppelblättern zusammengesetzt sind.[5] Die mittelalterliche Ziffernfoliierung setzt erst mit dem zweiten Blatt ein; das erste Blatt (heute mit f foliiert) blieb zum Schutz der reich ausgeschmückten ersten Textseite (fol. 1) unbeschrieben. 1434 wurde – wie oben ausgeführt – ein erstes Inhaltsverzeichnis auf drei Blättern (Doppelblatt c–d und Einzelblatt e) angelegt. Da aus praktischen Gründen sicher bereits bei Anlage des *Eisenbuches* ein Inhaltsverzeichnis geplant war, waren die erst 1434 beschriebenen Blätter c–e wohl spätestens zum Zeitpunkt der ursprünglichen Bindung der Handschrift bereits der ersten Textlage vorgebunden. Dass der Codex bereits im 14. Jahrhundert gebunden war, ergibt nicht nur die Erlaubnis Friedrichs des Schönen von 1320, ein „Recht*buch*" anzulegen, sondern auch die Bezeichnung als „Buch" unmittelbar vor der Neubindung des Jahres 1487.[6] Damals, 1487, erfolgte eine Neubindung, wobei jedenfalls die Buchdeckel und die Metallbuckel neu hinzukamen. 1494 ist dann erstmalig dezidiert vom „*Eisenbuch*" die Rede.[7]

Auf jeden Fall nahmen die Blätter c–e spätestens Anfang des 16. Jahrhunderts ihre heutige Position im Buchblock ein. Denn der zu dieser Zeit mit der Fortsetzung des Inhaltsverzeichnisses betraute Schreiber hat nach Komplettierung von fol. e die Rectoseite und drei Zeilen der Versoseite des heute mit f foliierten, bei Anlage der Handschrift leer belassenen Blattes beschrieben (*Abb. 2*). Die von seiner Hand stammenden Eintragungen im Inhaltsverzeichnis betreffen die auf fol. 98r bis 193v kopierten Texte. Deren jüngster ist 1467 (vor Juni 24) datiert,[8] doch dürfte der in Rede stehende Schreiber aus paläographischen Gründen erst Anfang des 16. Jahrhunderts tätig gewesen sein. Seine Schrift ist

[2] Die Standortangaben auf fol. c verso bis e recto Z. 8 stammen hingegen von jener Hand, die das Inhaltsverzeichnis am Anfang des 16. Jahrhunderts fortgesetzt hat.

[3] Gleichzeitig mit dem Wechsel der Tintenfarbe von Braun auf Schwarz beim Übergang von der Recto- auf die Versoseite des Blattes c wurde auch das Layout geändert: Während auf der ersten Seite des Inhaltsverzeichnisses auf jeden Eintrag eine Leerzeile folgt, werden fortan alle Zeilen beschrieben.

[4] Zum Text vgl. Opll, Eisenbuch, 54f.

[5] Zur Lagenzusammensetzung der Handschrift siehe in diesem Band den Beitrag von Krauss, S. 110ff. sowie unter der Internet-Adresse www.manuscripta.at/?ID=31297. – Die naheliegende Vermutung, dass auch die in Rede stehende Lage ursprünglich aus vier Doppelblättern bestand, wovon bereits vor Beginn der Kopiertätigkeit zwei Doppelblätter entnommen und für das zu einem späteren Zeitpunkt anzulegende Inhaltsverzeichnis der nunmehr auf zwei Doppelblätter reduzierten ersten Textlage vorangestellt wurden, lässt sich kodikologisch leider nicht verifizieren.

[6] Siehe dazu den Beitrag von Fischer, S. 133ff.

[7] Vgl. QuGStW II/4, Nr. 5516 (1494 Juli 29). – Dazu siehe in diesem Band den Beitrag von Fischer, S. 136.

[8] Zum Text vgl. Opll, Eisenbuch, 86.

jener der auf fol. 194v–195r kopierten Urkunde Maximilians I. von 1506[9] eng verwandt.

Erst um 1540 wurde das Inhaltsverzeichnis fortgesetzt. Je drei Eintragungen stammen von jeweils einer Hand: Auf fol. f verso Z. 4–6 werden drei aus den Jahren 1506/1539 stammende, auf fol. 194r–196r kopierte Stücke genannt, in Z. 7–10 drei Texte der Jahre 1539/1540 auf fol. 196v–198v. Die folgenden vier Eintragungen (fol. f verso Z. 11–16) betreffen auf fol. 199r–203v kopierte Texte aus dem Zeitraum 1540/1573 und sind einer Hand zuzuweisen, die im *Eisenbuch* in den späten 1570er Jahren als Kopist tätig war und im mittelalterlichen Textteil der Handschrift eine Reihe von Überschriften nachgetragen hat (siehe unten).

Jene drei Doppelblätter des Inhaltsverzeichnisses (fol. g–m), die heute zwischen den ersten beiden Blättern (fol. f, 1) der ersten Textlage eingebunden sind, gelangten erst im Zuge der Neubindung von 1705 an ihre heutige Position. Dass der Ternio g–m am Ende des Buchblocks platziert war, belegt der Verweis *vide in fine sub hoc signo* auf dem unteren Freirand von fol. f verso (*Abb. 2*) sowie das Vorkommen eines identischen Verweiszeichens auf fol. f verso und fol. g recto; dass die Blätter g–m noch gegen Mitte des 17. Jahrhunderts den Abschluss des *Eisenbuches* bildeten, ergibt sich aus der Datierung der einer einzigen Hand zuzuweisenden Eintragungen auf fol. f verso Z. 29 bis fol. h recto Z. 28, die sich auf auf fol. 204v–248r kopierte, aus dem Zeitraum 1573/1636 stammende Texte beziehen.[10]

Anlässlich der Neubindung zu Beginn des 18. Jahrhunderts wurden vier Lagen unlinierter Pergamentblätter (fol. 323–336) an den mittelalterlichen Buchblock angehängt. In der Folge wurden die Blätter 312r–334r mit Texten aus den Jahren 1705/1729 von einer einzigen Hand beschrieben, die auch das Inhaltsverzeichnis ab fol. i recto Z. 18 komplettierte.

Dass das *Eisenbuch* „zwischen 21. Jänner 1320 und 24. Juli 1340 angelegt worden ist, wobei der Zeitpunkt eher näher zu 1320 zu rücken ist“ wird heute allgemein anerkannt.[11] Ein Verzeichnis der auf fol. 1r–43r bis etwa 1370 tätigen Schreiber hat erstmals Karl Uhlirz zusammengestellt.[12] Demnach waren auf den genannten Blättern sieben Hauptschreiber tätig (in Klammern die Entstehungszeit der Texte): Schreiber A auf fol. 1r–6v (gegen 1320), B auf fol. 10r–18r (1340),[13] C auf fol. 27r–31r (1296), D auf fol. 33r–35v (1237/1278), E auf fol. 37r–41r (1237/1278), F auf fol. 42r (1312) und G auf fol. 42v–43r (1348 und 1369). Daneben sind nach Uhlirz sechs Nachtragshände feststellbar: Schreiber α auf fol. 7r (1351)

[9] Zum Text vgl. Opll, Eisenbuch, 87.

[10] Dass die drei Doppelblätter nicht lose beigelegen sind, beweisen die mit den übrigen Lagen des Buchblocks übereinstimmenden Positionen der Einstichlöcher für die Heftfäden im Falz.

[11] Opll, Eisenbuch, 9 (mit Nennung der älteren Literatur). Csendes, Rechtsquellen, 19 ff.

[12] Uhlirz, Urkunden und Regesten, ebenso Uhlirz, Quellen und Geschichtsschreibung, 94 f. und Stowasser, Beiträge, 38. – Abbildungen von Schriftspecimina aus dem Eisenbuch unter der Internet-Adresse manuscripta.at/?ID=31297 – Zum Inhalt von fol. 1r–43r vgl. Opll, Eisenbuch, 125.

[13] Bei Uhlirz, Quellen und Geschichtsschreibung, 94 f.: irrtümlich „fol. 9–18“.

und 19rv (1349/1351), β auf fol. 20r (1270), γ auf fol. 20v (1353) und 21ra (1354), δ auf fol. 21rb (1360), ε auf fol. 21v (1356) und 22r (1357) und ζ auf fol. 26r (1356). Diese Händescheidung ist – abgesehen von zwei Korrekturen – auch heute noch gültig: Die Aufteilung der auf fol. 42r–43r eingetragenen Texte auf zwei Schreiber ist abzulehnen, und außerdem stammt 21ra zweifellos nicht von Hand γ, sondern von Hand δ.

Die von Stowasser[14] behauptete Identität der Schreiber A und α, mit der er seine Ansicht von der Entstehung des *Eisenbuches* um 1350 stützt, ist wenig überzeugend. Ob Hand A mit dem Stadtschreiber Walchun, einem seiner Gehilfen oder einem in Walchuns Auftrag tätigen Kalligraphen gleichzusetzen ist, ist beim derzeitigen Wissensstand nicht zu entscheiden, da kein mit Sicherheit Walchun zuzuschreibender Text in vergleichbarer Buchschrift bekannt ist.[15] Sehr wahrscheinlich ist hingegen, dass für die reiche Ausschmückung der von Hand A beschriebenen Blätter mit Fleuronnéeinitialen und Zierleisten, also mit Ausstattungselementen, die zweifellos nicht zum Repertoire einer städtischen Kanzlei gehörten, eine auswärtige Kraft oder Buchmaler-Werkstatt herangezogen wurde.

In den ersten fünf Jahrzehnten seines Bestehens unterscheidet sich das *Eisenbuch* in Schrift und Layout nicht von der Masse der zeitgenössischen Manuskripte des Wiener Raums. Die im Stadtbuch tätigen Hauptkräfte schreiben in großer, mehr oder weniger kalligrapisch ausgeprägter Textualis, einer Buchschrift, wie sie etwa auch in liturgischen Handschriften dieser Zeit begegnet.[16] Auch die Gliederung der Texte mit roten oder alternierenden roten und blauen Lombarden sowie die fallweise Ausschmückung derselben mit Fleuronnée[17] entspricht dem Usus dieser Zeit. Ob und in welchem Ausmaß in dieser Zeit Schreiber der Stadtkanzlei oder auswärtige Kräfte für das Kopieren und Ausschmücken der Texte mit Initialen herangezogen wurden, ist unklar, denn das erhaltene Verwaltungsschrifttum der städtischen Kanzlei ist auf Grund seiner andersartigen Schrift und des Fehlens einer vergleichbaren Ausstattung für einen Vergleich ungeeignet.

Die Rubrizierung der von den Hauptschreibern kopierten Texte sowie die Ausstattung mit Lombarden[18] und fallweise Fleuronnée[19] dürfte jeweils unmittelbar nach Niederschrift des Textes erfolgt sein: Alle in Rot eingetragenen Überschriften und Zwischentitel stammen vom jeweiligen Textschreiber, und die in Rot und Blau eingesetzten Initialen jeder einer Haupthand zugewiesenen Text-

[14] Vgl. Stowasser, Beiträge, 38–41.

[15] Vgl. die Diskussion des Problems bei Stowasser, Beiträge, 38 f.

[16] Zur Entwicklung der Textualis, der im deutschsprachigen Gebiet im 13. und 14. Jahrhundert vorherrschenden Buchschrift, vgl. Bischoff, Paläographie, 171–183.

[17] Siehe dazu im Beitrag von Fingernagel, hier im Buch auf S. 63 ff.

[18] Als Lombarden werden jene einfachen, bauchig gerundeten Initialen bezeichnet, die häufig den einzigen Schmuck von Handschriften des 13. bis 15. Jahrhunderts bilden. Sie sind meist abwechselnd in roter und blauer Tinte ausgeführt. Vgl. Köllner, Zur kunstgeschichtlichen Terminologie, 154.

[19] Siehe dazu im Beitrag von Fingernagel, hier im Buch auf S. 63 ff.

gruppe unterscheiden sich stilistisch von jenen der übrigen Textgruppen.[20] Von den Texten der Nachtragsschreiber sind nur jene des Schreibers α mit roten, von seiner Hand eingesetzten Überschriften und mit je einer roten Lombarde zum Textbeginn versehen. Bei allen übrigen nachgetragenen Stücken ist zum jeweiligen Textbeginn lediglich Platz für eine mehrzeilige, jedoch nicht ausgeführte Initiale ausgespart.

Während sich der von den Nachtragsschreibern α, γ, δ und ε verwendete Schrifttypus nicht von jenem der Hauptschreiber unterscheidet, verwenden β und ζ die Schrift der jeweiligen Vorlage und verzichten auf eine Übersetzung derselben in eine höherrangige Buchschrift. Dadurch wird es möglich, sie als Urkundenschreiber wiederzuerkennen: Ivo Luntz hat durch Schriftvergleich in überzeugender Weise Schreiber β in Urkunden aus dem Zeitraum 1349/1351 und Schreiber ζ in solchen der Jahre 1355/1356 nachgewiesen.[21]

Auch der Schreiber der auf fol. 45v–46v kopierten Urkunde vom 4. Juni 1381[22] war Mitglied der städtischen Kanzlei: Er hat im selben Jahr drei Urkunden geschrieben[23] und ist möglicherweise noch 1392 in der Kanzlei tätig gewesen:[24] Seiner Hand dürften auch die aus dem späten 14. Jahrhundert stammenden kurzen, häufig getilgten Inhaltsangaben auf den Rückseiten von Urkunden[25] zuzuweisen sein (*Abb. 3*). Möglicherweise ist er mit dem zu dieser Zeit tätigen Stadtschreiber Ulricus zu identifizieren.[26]

Nach einer Pause von mehreren Jahrzehnten wurden die Arbeiten am *Eisenbuch* wieder aufgenommen. Wann genau dies geschah, ist nicht eindeutig zu beantworten. Die Eintragungen beginnen mit zwei von derselben Hand kopierten Urkunden aus dem Jahre 1417, die der Wiener Bürgermeister und der Rat, bei der einen auch die Genannten – ein gegenüber dem Rat erweitertes bürgerliches Gremium, das über das Ratswahlrecht verfügte[27] – ausstellen ließen, gefolgt von einer, von anderer Hand niedergeschriebenen Ratsurkunde von 1428 und von drei, von einer weiteren Hand eingetragenen Urkunden Herzog

20 Es ist daher wahrscheinlich, dass nicht nur die Rubriken, sondern auch die schlichten Lombardinitialen vom jeweiligen Textschreiber eingesetzt wurden.

21 Luntz, Wiener Ratsurkunde, 109 beziehungsweise 112. – Zu Schreiber β vergleiche etwa die Urkunde WStLA, HAU bzw. QuGStW II/1, Nr. 386 (1351 Juli 3), zu Schreiber ζ die Urkunde WStLA, HAU bzw. QuGStW II/1, Nr. 453 (1354 April 30). – Gleichfalls Hand ζ zuzuweisen ist die Urkunde WStLA, HAU bzw. QuGStW II/1, Nr. 170 (1356 Juli 19).

22 Vgl. Opll, Eisenbuch, 41.

23 WStLA, HAU bzw. QuGStW II/1, Nr. 1009 (1381 Juli 13), Nr. 1010 (1381 September 6) und Nr. 1012 (1381 September 26).

24 Vgl. die mit Sicherheit von ein und derselben Hand stammenden Urkunden WStLA, HAU bzw. QuGStW II/1, Nr. 1233 (1392 Juni 23), Nr. 1238 (1392 September 12), Nr. 1239 (1392 September 13) und Nr 1243 (1392 November 10).

25 Gut erkennbar noch auf den Urkunden WStLA, HAU bzw. QuGStW II/1, Nr. 53 (1312 September 8), Nr. 318 (1348 Jänner 16) und Nr. 853 (1375 April 30).

26 Zu Ulricus vgl. Uhlirz, Quellen unbd Geschichtsschreibung, 42.

27 Bei den Genannten handelt es sich um ein zahlenmäßig gegenüber dem Rat erweitertes bürgerliches Gremium (vor 1340: 100, dann: 200 Personen), das jährlich den 20-köpfigen Rat wählte und wichtige Aufgaben der allgemeinen Verwaltung, der Finanzverwaltung und der Rechtspflege ausübte, vgl. Czeike, Lexikon, Bd. 2, 407 f.

Albrechts V. von 1432.[28] Ob es sich bei diesen sechs Stücken auf fol. 47r–50v um nahzeitige oder um bereits in den frühen 1430er Jahren eingesetzte Texte handelt, ist kaum zu entscheiden. Für die letztere Annahme spricht, dass die Überschriften auf fol. 47v, 48r und 48v (und mit hoher Wahrscheinlichkeit auch die wohl gemeinsam mit den Rubriken eingesetzten roten Lombarden auf fol. 47r und 47v) von gleicher Hand wie jene in den folgenden, 1434 niedergeschriebenen Texten stammen.

Mit diesen Texten erfahren Schrift und Layout des *Eisenbuches* eine dauerhafte Veränderung: An die Stelle der Textualis tritt als Schrift für Texte und Überschriften die Bastarda.[29] Zweispaltigkeit wird ab fol. 48v fortan nur dann verwendet, wenn der Inhalt der kopierten Stücke (etwa Aufzählungen) dies nahelegt.

1434 befahl Bürgermeister Hans Steger[30] die Übertragung der landesfürstlichen Urkunden in das „Große Stadtbuch". Diese Anordnung ist auf fol. 52v in großer kalligraphischer Bastarda mit roter Tinte vermerkt: *Anno domini millesimo quadringentesimo tricesimoquarto hat der ersam und weis her Hanns der Steger zu den zeiten Burgermaister und Kellermaister zu Wienn die hernachgeschriben furstleichen brief und hanntvessten in das gegenburtig gross statpuch geschafft zu schreiben etc.* (*Abb. 4*). Noch im selben Jahr wurden auf fol. 53r–97v insgesamt 83 – keineswegs ausschließlich landesfürstliche – Urkunden kopiert,[31] die Blätter rot foliiert[32] und der Inhalt des *Eisenbuches* in einem nicht vor 1434 angelegten Inhaltsverzeichnis vermerkt (siehe oben). Abgeschlossen wurde die Übertragung der Texte vermutlich noch im selben Jahr. Die auf fol. 98r vermerkten Notizen[33] (*Abb. 5*) dürften zum Zeitpunkt der Foliierung der vorangehenden Blätter und der Anlage des Inhaltsverzeichnisses noch nicht existiert haben.[34]

Der Großteil der Blätter – 58r sowie 60r–97v – wurde von einer einzigen Hand in überwiegend schlaufenloser Bastarda beschrieben (*Abb. 6*), eine zuverlässige Unterscheidung der Schreiberhände auf den übrigen Blättern ist nicht möglich.[35] Es ist naheliegend, die 1434 tätige Haupthand mit dem Stadtschreiber Ulrich Hirssauer[36] in Verbindung zu setzen, der das Amt des Stadtschreibers von

28 Vgl. Opll, Eisenbuch, 125.

29 Zur „Bastarda", der neben der Textualis vorherrschenden Buchschrift des 15. Jahrhunderts, vergleiche Bischoff, Paläographie, 183–195.

30 Zu Bürgermeister Hans Steger vgl. Hülber, Hans Steger.

31 Vgl. Opll, Eisenbuch, 125 f. – Rund 85% der 1434 kopierten Urkunden finden sind noch heute im Wiener Stadt- und Landesarchiv.

32 Die Blätter 1 bis 97 sind jeweils in der Mitte des oberen Freirandes jeder Rectoseite mit von Punkten flankierten arabischen Ziffern in roter Tinte foliiert.

33 Unter anderem solche über die 1434 erfolgte Anfertigung eines neuen Normgewichts, vgl. Opll, Eisenbuch, 55.

34 Die Foliierung auf 98r entspricht jener der folgenden Blätter; der Inhalt des Blattes wurde erst Anfang des 16. Jahrhunderts in das Inhaltsverzeichnis aufgenommen.

35 Möglicherweise wurden die ersten Blätter von drei verschiedenen Händen beschrieben (53r–57v; 58v, 59rv), doch sind die Unterschiede im Schriftbild so gering, dass auch die Tätigkeit eines einzigen Schreibers auf den genannten Blättern – und auf 47v–50v – denkbar ist.

36 Uhlirz, Quellen und Geschichtsschreibung, 45 f.

1429 bis zu seinem Tod im Jahre 1461 ausübte.[37] Zwar kennen wir im Geschäftsbuch A 285/3[38] eine eigenhändige Notiz Hirssauers zu seinem Amtsantritt (*Abb. 7*) sowie weitere Textpartien, die ihm auf dem Wege des Schriftvergleichs mit hoher Wahrscheinlichkeit zuzuschreiben sind; seine im Geschäftsbuch verwendete Schrift ist jedoch wesentlich kleiner und flüchtiger als jene des Hauptschreibers von 1434 und für einen Vergleich daher ungeeignet. Ähnliches gilt für die Textschrift des von einer einzigen Hand stammenden Grundstocks des 1430 angelegten Handwerksordnungsbuches A 97/1.[39] Eine – wenn auch nicht vollständige – Sichtung der zur Zeit der Tätigkeit Ulrich Hirssauers ausgestellten Ratsurkunden brachte bislang keine Schriftstücke zutage, die mit Sicherheit ihm oder dem Hauptschreiber von 1434 zuzuordnen wären.

Alle Überschriften im 1434 zu datierenden Teil des *Eisenbuches* (fol. 53r–97v) sowie jene der vorangehenden Eintragungen auf fol. 47v–50v wurden in sorgfältiger Schrift mit roter Tinte von der Hand des Hauptschreibers von 1434 eingetragen. Gleichfalls von seiner Hand stammen die in Rot eingesetzten Texte der Eingangsseite (fol. 52v) dieses Teiles sowie der auf ihn folgenden Seite (fol. 98r), die jeweils von einer großen, wohl vom Schreiber des folgenden Textes eingesetzten Perllombarde[40] eingeleitet werden. Derselben Hand wie die Perllombarden auf fol. 52v und 98r ist mit großer Wahrscheinlichkeit auch jene auf fol. 130r zu einem Text von 1359 zuzuschreiben (vgl. *Abb. 8*).

Alle Texte im *Eisenbuch*-Teil von 1434 werden von Lombarden eingeleitet, die, von wenigen Ausnahmen abgesehen, in drei Farben alternieren: Neben Rot und Blau findet als dritte Farbe Gold, Rosa oder Grün Verwendung. An der Ausführung der Lombarden waren mindestens zwei Hände beteiligt: Die schlichten Buchstabenformen der in Gold, Rosa und Grün gehaltenen Lombarden unterscheiden sich deutlich von den komplizierter aufgebauten roten und blauen Lombarden. Einige Initialen (z. B. auf fol. 84v, 85r) wurden im späten 16. Jahrhundert mit in schwarzer Tinte gezeichneten Fadenranken verziert.[41]

Die 1434 auf den Blättern 53r–97r eingetragenen Texte waren ursprünglich mit arabischen Ziffern von 1 bis 83 durchnummeriert.[42] (*Abb. 9*) Diese wurden vom Kopisten meist in Höhe der jeweils ersten, in schwarzer Tinte eingesetzten Textzeile an den äußeren Freirand gesetzt. Durch den 1705 erfolgten Beschnitt

37 Perger, Ratsbürger, 212 f. Nr. 283.

38 Notiz zum Amtsantritt als Stadtschreiber am 22. Oktober 1429 im Geschäftsbuch (WStLA, Hs. A 285/3) auf 334v; abgebildet bei Uhlirz, Quellen und Geschichtsschreibung, 44, Fig. 41. Auch der dieser Notiz vorangehende und folgende Text ist seiner Hand zuzuweisen; desgleichen ist seine Schrift beispielsweise auf den Blättern 335v, 336v und 349v des genannten Geschäftsbuches zu erkennen.

39 WStLA, Hs. A 97/1, fol. 3r. – Zur Handschrift vergleiche (Czeike), Archivalien, 17, Nr. 9.

40 Als „Perllombarden" werden Lombardinitialen (vgl. Anm. 18) mit punkt- oder kugelförmigen Verdickungen oder Ausläufern bezeichnet.

41 Die Fadenranken sind zweifellos von jener Hand eingesetzt worden, die auch eine Reihe von Titeln im mittelalterlichen Teil des Eisenbuches in den 1570er Jahren nachgetragen hat. Vgl. etwa die Fadenornamentik der Initiale auf fol. 84v mit jener zu einer Urkunde von 1573 auf fol. 203v.

42 Texte, die in einer lateinischen und deutschen Fassung abgeschrieben wurden (fol. 65r, 65v; 82v, 83r) erhielten nur eine Nummer.

des Buchblocks, dem auch ein Teil der mittelalterlichen Foliierung zum Opfer fiel, wurde die überwiegende Mehrzahl dieser Ziffern teilweise oder ganz weggeschnitten. Meist unmittelbar oberhalb der in Rede stehenden Ziffern finden sich öfter weitere, in der Regel mit hellerer Tinte und in flüchtiger Schrift eingetragene Buchstaben, Ziffern und Zeichen (*Abb. 9*). Auf zwei Zeichen, die üblicherweise als Kürzung für *habet* gelesen werden,[43] folgt in der Regel ein – nicht immer eindeutig zu interpretierendes – weiteres: meist ein Minuskelbuchstabe oder eine arabische Ziffer.[44] Anstelle oder zusätzlich zu einer *habet*-Eintragung findet sich mitunter ein kleines Kreuz (z. B. auf fol. 66v, 81r, 93r) oder ein kleiner Kreis (z. B. auf fol. 69v, 74r). Aus paläographischen Gründen sind diese Einträge gleichfalls noch dem 15. Jahrhundert zuzuordnen; der Umstand, dass sie oberhalb oder unterhalb der meist eine gleichbleibende Position zum Text einnehmenden fortlaufenden Zählung eingesetzt sind, spricht für eine gegenüber den arabischen Ziffern spätere Entstehung. *Habet*-Vermerke oder Kreuze finden sich vereinzelt auch schon bei älteren Urkundenabschriften des *Eisenbuches*.[45]

Die in Rede stehenden Ziffern können zum Teil noch auf den im *Eisenbuch* kopierten Originalurkunden des Wiener Stadt- und Landesarchivs[46] nachgewiesen werden. Eine stichprobenartig durchgeführte Untersuchung der Versoseiten dieser Urkunden zeigt folgendes Bild: Spätestens Ende des 14. Jahrhunderts dürfte zumindest ein Teil der Ratsurkunden auf ihren Reversseiten mit Nummern und kurzen Inhaltsangaben versehen worden sein: Die Inhaltsnotizen der Urkunden 53 (Priv. 3a) (1312 September 8), 318 (Priv. 7) (1348 Jänner 16), 853 (Priv. 20) (1375 April 30) und (größtenteils getilgt) 1224 (Priv. 25) (1391 Dezember 13) sind mit hoher Wahrscheinlichkeit jener Hand zuzuweisen, die im *Eisenbuch* die 1381 datierte Urkunde auf fol. 45v–46v kopiert hat (zum Schreiber der Urkunde siehe oben). Neben Ziffern, die jenen der jeweiligen Abschrift im *Eisenbuch* entsprechen, lassen sich Reste einer weiteren mittelalterlichen Nummerierung feststellen: Während etwa die Urkunden 53 und 1224 nur jeweils eine Ziffer zeigen, die mit jener der entsprechenden Abschrift im *Eisenbuch* korrespondiert (HAU 53 und Abschrift auf fol. 77v mit *41*; HAU 1224 und Abschrift auf fol. 66v–67r mit *22*), repräsentiert die wohl gleichzeitig mit der Notiz zum Inhalt eingetragene Ziffer *24* auf Urkunde 853 eine ältere Zählung (siehe *Abb. 3*); die der Abschrift im *Eisenbuch* (fol. 78v–79r) entsprechende Nummer 43 ist hingegen möglicherweise im Zuge einer neuzeitlichen

43 Vgl. Capelli, Dizionario.

44 *habet* ohne folgende Signatur z. B. auf fol. 77v und 78r.

45 „*Habet*-Vermerke" auf fol. 34r, 42r, 42v und 45v; Kreuze oder kreuzähnliche Zeichen auf fol. 21r, 21v, 22r, 26r.

46 Die Urkunden des Wiener Stadt- und Landesarchivs wurden schon um die Wende vom 19. zum 20. Jahrhundert in Regestenform ediert, vgl. dazu QuGStW II. Abteilung (die Zitierung im Text erfolgt nach den Regestennummern); seit dem Jahr 2009 sind die mittelalterlichen Urkundenbestände des Wiener Stadt- und Landesarchivs auch im Internet abrufbar, siehe dazu: http://monasterium.net bzw. http://www.mom-ca.uni-koeln.de/MOM-CA/show_browse_Action.do?archive=Wiener%20Stadt-%20und%20Landesarchiv.

Eintragung getilgt worden:[47] Eine Doppelzählung hat sich beispielsweise auf Urkunde 978 (Priv. 22) (1380 April 7) erhalten (*Abb. 10*): Neben der ihrer Abschrift im *Eisenbuch* auf fol. 76v zugeordneten Nummer *39* findet sich eine weitere Ziffer (*21*), die wohl gleichzeitig mit der folgenden Inhaltsangabe um die Mitte des 15. Jahrhunderts eingesetzt worden ist:[48] Genaueren Aufschluss über die mittelalterliche Ordnung der Ratsurkunden könnte eventuell eine alle Urkunden berücksichtigende Untersuchung ihrer Reversseiten bringen.

Offensichtlich spiegeln die 1434 eingetragenen, durchnummerierten Texte eine aus Anlass der Abschrift durchgeführte oder kurz vorher eingerichtete Ordnung des Urkundenbestandes der Wiener Stadtverwaltung wider. Ob Ähnliches auch für die etwas jüngeren *habet*-Vermerke des *Eisenbuches* gilt, ist weniger sicher. Gegen die Interpretation der auf *habet* folgenden Zeichen als Signaturen spricht, dass unter ihnen ein Zeichen ist, das zwei verschiedenen Urkunden zugeordnet wurde,[49] und dass bislang nur ein einziger, nicht eindeutiger Nachweis für eine *habet*-Signatur gefunden werden konnte: Dem *habet m* auf fol. 78v entspricht auf der Versoseite der ab fol. 78v kopierten Urkunde 1224 das neben der Siegelschnur eingetragene *m*, das allerdings mit hoher Wahrscheinlichkeit als *III* zu lesen ist.[50] Auch wenn nachweislich ältere Einträge auf den Versoseiten der Urkunden wiederholt gelöscht wurden, um Platz für jüngere Notizen zu machen, so dürfen die *habet*-Signaturen, die nur bei rund zwei Dutzend Urkundenabschriften zu finden sind, bestenfalls als Zeugen einer teilweisen Neuordnung des Urkundenbestandes gelten.

Bis zum Ausgang des Mittelalters ist keine vergleichbar große Textgruppe wie diejenige von 1434 en bloc kopiert worden. Zwischen 1434 und den 1460er Jahren haben rund zwei Dutzend Schreiber einzelne Stücke oder kleinere Textgruppen ohne erkennbaren größeren zeitlichen Abstand zur Entstehungszeit der jeweiligen Vorlage in das *Eisenbuch* übertragen. Die über hundert, auf fol. 98r–174v kopierten Einzeltexte[51] – darunter nur wenige aus der Zeit vor 1434 – wurden im Wesentlichen in chronologischer Abfolge kopiert; der letzte und jüngste Text dieser Gruppe stammt aus dem Jahre 1461.[52] Die Mehrzahl der Hände schreibt

47 Unter den neuzeitlichen Eintragungen auf den Reversseiten von Urkunden finden sich in sorgfältiger Schrift eingesetzte Inhaltsangaben (z. B. WStLA, HAU Nr. 978 = QuGStW II/1, Nr. 978; Abb. 10), die aus paläographischen Gründen in die erste Hälfte des 16. Jahrhunderts zu datieren sind (man vergleiche etwa die Abschrift einer 1540 datierten Urkunde auf fol. 197v–198r). Möglicherweise stehen diese Notizen in Zusammenhang mit einer 1534 begonnenen Registrierung der Urkunden (vgl. dazu Uhlirz, Quellen und Geschichtsschreibung, VI f.).

48 Wahrscheinlich von derselben Hand die Inhaltsnotiz auf der Reversseite der WStLA, HAU bzw. QuGStW II/1, Nr. 677 (1366 September 11).

49 Auf fol. 42r und 67v *habet a*.

50 Aussteller der Urkunde WStLA, HAU bzw. QuGStW II/1, Nr. 1224 mit dem Zeichen *m* beziehungsweise *III* ist Herzog Albrecht III.; die Rückseite der von Albrecht II. ausgestellten Urkunde WStLA, HAU bzw. QuGStW II/1, Nr. 318 (1348 Jänner 16) weist neben der Sigelschnur ein *n* auf, das – auch in Hinblick auf die unmittelbar oberhalb stehende Ziffer *2* – wohl analog als II zu lesen ist.

51 Vgl. Opll, Eisenbuch, 126 f.

52 WStLA, HAU Nr. bzw. QuGStW II/3, 4002 (= Priv. 46) (1461 September 26); vgl. Opll, Eisenbuch, 82.

eine mehr oder weniger kalligraphische, mit mehr oder weniger Schlaufen versehene Bastarda, die sich von jener auf fol. 47r–97v nicht signifikant unterscheidet und deren „Wiedererkennungswert" gering ist. Der Hauptschreiber von 1434 war nur noch bis 1436 tätig; er hat in diesem Zeitraum insgesamt fünf Stücke (fol. 98rv, 102r–103r) in das *Eisenbuch* übertragen.

Bis fol. 156r (Urkunde von 1447 November 28) finden sich rote Titel. Sie sind wie die vorhergehenden in kalligraphischer Bastarda geschrieben, jedoch durchwegs etwas größer als der jeweils folgende Text gehalten und werden öfter von mehrzeiligen Cadellen eingeleitet.[53] Die Überschriften auf fol. 101r und 156v–187v wurden erst in den 1570er Jahren von einer Hand nachgetragen, die im *Eisenbuch* Texte aus den Jahren 1573/1579 eingesetzt[54] und im Inhaltsverzeichnis die im Zeitraum 1540/1573 kopierten Stücke vermerkt hat.[55]

Die Einzeltexte werden in der Regel durch dreizeilige rote Lombarden oder durch Cadellen (teils in Rot, teils nur mit roten Auszeichnungsstrichen) eingeleitet. Anfangs wechseln rote Lombarden und Cadellen (z. B. fol. 98rv, 102r, 112r, 112v). Ab fol. 147v – vereinzelt auch früher – werden die Texte jedoch vom Schreiber selbst mit einer mehrzeiligen, meist als Cadelle ausgebildeten Initiale versehen – ein Usus, der noch bei nach der Mitte des 16. Jahrhunderts kopierten Texten des *Eisenbuches* zu beobachten ist. Die Mehrzahl der Cadellen zeigen schlichte Formen, wie sie vor allem in der großen Masse nahzeitiger Privaturkunden oder – weit seltener – in der ersten Schriftspiegelzeile von Handschriften literarischen Inhalts begegnen.[56] Komplizierter aufgebaute Cadellen wie auf fol. 169r (*Abb. 11*) in der Art jener zeitgleicher Herrscherurkunden begegnen hingegen nur selten.[57]

Die mit roter Tinte bis fol. 156r eingesetzten Überschriften lassen keinen Handwechsel erkennen. Derselbe Schrifttypus wird für die Überschriften des 1430 angelegten Handwerksordnungbuches[58] verwendet, und auch die Notiz auf fol. 52v des *Eisenbuches* hat ein Pendant im Handwerksordnungsbuch: Der auf der Versoseite des ehemaligen Vorsatzblattes der Handschrift in roter Tinte eingetragene Vermerk *Anno domini cccc°xxx° pey Ulreichs Hirssawer statschreiber zeiten ist das puch gemacht und aller hantwerher recht und ordnung aus den eltern statpuchern gezogen darein aigentlich geschriben worden* ist gleichfalls in

53 Von mehrzeiligen Cadellen eingeleitete Titel finden sich beispielsweise auf fol. 102v, 113v, 126v, 127v. – Unter „Cadellen" versteht man „Großbuchstaben des 14. und 15. Jahrhunderts, deren Schäfte und Bögen aus parallel laufenden, sich zum Teil durchkreuzenden breiten Strichen gebildet sind. Sie können mit Masken, Vögeln, Drolerien oder Fleuronnée-Formen verziert sein." – Begriffserklärung nach Köllner, Zur kunstgeschichtlichen Terminologie, 154.

54 Die Texte finden sich auf den Blättern fol. 203r–208r (ausgenommen Urkunde 1473 August 3 auf 203v–204r).

55 Vgl. die vier Eintragungen im Inhaltsverzeichnis auf fol. f verso Z. 11–16.

56 Ein Cadellen-Musteralphabet hat sich in der Handschrift München, Universitätsbibliothek, 4° Cod. Ms. 810 auf fol 47r–48v erhalten, vgl. Pfändtner – Haidinger, ABC-Lehrbuch für Kaiser Maximilian I., 19 und Abb. 21.

57 Vgl. z. B. die Pancarta Friedrichs III. von 1460 (WStLA, Priv. 45 = QuGStW II/3, Nr. 3955), abgebildet bei (Czeike), Archivalien, Abb. 7.

58 WStLA, Hs. A 97/1.

großer kalligraphischer Bastarda geschrieben (*Abb. 12*).[59] Die Übereinstimmungen dürfen jedoch nicht überbewertet werden, da völlig gleichartige Auszeichnungsschriften bereits um 1440 in den Reichsregisterbüchern und im Verwaltungsschrifttum des Wiener Raumes die Textualis als Auszeichnungsschrift verdrängt haben.[60]

Wichtiger scheint die Beobachtung zu sein, dass ein im Handwerksordnungsbuch auf fol. 101r nachgetragener, 1434 datierter Text über das Fischschroten am Hohen Markt (*Abb. 13*), dessen Schrift in den Ratsurkunden 2476 (1434 März 10), 2505 (1434 November 5) und 2507 (1434 Dezember 8) begegnet und jener der Notiz Hirssauers über seinen eigenen Amtantritt entspricht (vgl. *Abb. 7*), mit einer Überschrift versehen ist, die völlig den Überschriften im 1434 datierten Teil des *Eisenbuches* gleicht.[61] (*Abb. 14*) Es ist daher denkbar, den Hauptschreiber des *Eisenbuches* von 1434 mit dem Stadtschreiber Ulrich Hirssauer zu identifizieren.

Am 26. September 1461 erhielt die Stadt Wien das Privileg, im Wappen den kaiserlichen Doppeladler zu führen.[62] Der Text des prächtig ausgestatteten Wappenbriefs wurde wohl bald darauf in das *Eisenbuch* auf fol. 174rv übertragen. Vielleicht auf Grund der großen Bedeutung des Privilegs für die Stadt war der Kopist – im Gegensatz zum üblichen Usus bei der Abschrift der Vorlagen – sichtlich bemüht, seine Abschrift auch äußerlich an die Vorlage anzugleichen. Wie dort, schreibt er in gedrängter, fast senkrecht stehender Bastarda mit betonten Mittellängen – ein Schrifttypus, der sich wesentlich vom Gros der im *Eisenbuch* ansonsten verwendeten Bastarda-Varianten unterscheidet. Auch die große, den Text einleitende Cadelleninitiale und die vergrößerten Anfangsbuchstaben der ersten Schriftzeile lehnen sich an das Original an.

Nach Abschrift des Wappenbriefes ist es zu einem mehrjährigen Stillstand in der Führung des *Eisenbuches* gekommen. Die folgenden, auf fol. 174v–192r kopierten Texte wurden in den 1470er Jahren eingetragen: Die erste kopierte Urkunde ist mit 1. Februar 1473 datiert, das jüngste, auf fol. 187r abgeschriebene Stück mit 24. Juni 1476.[63] Sie wurden zum überwiegenden Teil von einem einzigen Schreiber eingetragen; lediglich jene auf fol. 181r–182v und 186rv stammen von jeweils einer anderen Hand. Von je einem weiteren Kopisten stammt die Ende des 15. Jahrhunderts angelegte Abschrift einer Urkunde von 1288 auf

59 Dass das in Rede stehende, heute mit *III* foliierte Blatt ursprünglich dem eigentlichen Buchblock als Vorsatzblatt beigebunden war, bedeutet, dass der Text wahrscheinlich erst nach der Bindung der Handschrift eingetragen worden ist. Als Vorsatzblatt wurde das Fragment einer hebräischen Rolle verwendet, auf dessen unbeschriebene Versoseite der 1430 datierte Vermerk eingetragen wurde.

60 Haidinger, Gebetbuchfraktur Maximilians I., 196.

61 Die Schrift des Nachtrags auf fol. 101r unterscheidet sich deutlich von jener des von einer einzigen Hand geschriebenen Grundstocks des Handwerksordnungsbuches (WStLA, Hs. A 97/1, fol. 1r–103r), die Überschrift zum Nachtrag unterscheidet sich von den Zwischentiteln der genannten Handschrift in Schriftgröße und -duktus.

62 Jäger-Sunstenau, Wappenbrief, 53–85; zur Abschrift vgl. Opll, Eisenbuch, 82.

63 Vgl. Opll, Eisenbuch, 127.

fol. 192v sowie die undatierten Einträge auf fol. 193rv, die aus paläographischen Gründen bereits um 1500 zu datieren sind.

Der Hauptschreiber von 1473/76 zeigt eine im Vergleich zu den zahllosen Spielarten der Bastarda auf den vorangehenden Blättern des *Eisenbuches* entwicklungsgeschichtlich deutlich jüngere, in den Wiener Ratsurkunden seit den 1460er Jahren vermehrt auftretende Schrift. Zu ihren Merkmalen zählen die häufige Ausbildung einer unteren Schlinge bei Minuskel-h, die zunehmende Verwendung eines γ-ähnlichen Schluss-*s* und eine mehr oder weniger ausgeprägte Linksneigung der häufig sägezahnförmigen Mittelschäfte. Als Buchschrift begegnet dieser Schrifttypus im dritten Viertel des 15. Jahrhunderts nur sehr selten; etwa in dem 1467 datierten, aus dem Wiener St. Dorothea-Kloster stammenden Cod. 2878 der Österreichischen Nationalbibliothek.[64]

Der in Rede stehende Schreiber ist auch als Urkundenschreiber nachzuweisen: Er hat nicht nur einen von Propst Stephan von St. Dorothea zu Wien ausgestellten Revers hinsichtlich des Vertrages mit der Stadt Wien über die Weineinfuhr und den Weinausschank auf fol. 176rv kopiert (*Abb. 15*), sondern auch das Original[65] (*Abb. 16*) geschrieben. Eine vom Wiener Bürgermeister Hans Heml 1476 ausgestellte Urkunde im Archiv des Wiener Schottenklosters stammt gleichfalls von seiner Hand.[66]

Mit der auf fol. 194v–195r kopierten Urkunde Maximilians zur Fischereiordnung aus dem Jahre 1506[67] endet der mittelalterliche Teil des *Eisenbuches*. Erst um 1540 werden erneut Texte in das Stadtbuch übertragen.

Dem mittelalterlichen Teil des *Eisenbuches* gehören auch jene Fragmente an, die ursprünglich auf die Innenseiten der Buchdeckel zum Schutz des Buchblocks vor Abnutzung durch die Holzdeckel geklebt waren (*Abb. 17*). Sie sind mit hoher Wahrscheinlichkeit erst im Zuge der 1705 erfolgten Neubindung der Handschrift entfernt worden.

Beide Deckelinnenseiten waren mit je einem, etwa auf Buchblockgröße beschnittenen Doppelblatt beklebt. Der Abklatsch auf der Spiegelseite des Vorderdeckels ist wesentlich schlechter erhalten als jener auf der Innenseite des Hinterdeckels, doch lassen übereinstimmende Schriftraumproportionen und -charakteristika nicht daran zweifeln, dass die beiden ehemals als Spiegelblätter verwendeten Fragmente aus ein und derselben Handschrift stammten.

Nach dem Schriftabklatsch auf dem Hinterdeckelspiegel zu schließen, betrug der Schriftspiegel des Haupttextes etwa 200x125 mm, inklusive der Marginal-

64 Vgl. Unterkircher, Die datierten Handschriften, 49, Abb. 303, 461. Neubeschreibung der Handschrift im Internet unter www.manuscripta.at/?ID=5304 (Beschreibung von Franz Lackner, 2008; Status: 2. März 2010).

65 WStLA, HAU Nr. 4504 (1473 Dezember 20). Zur Inhalt vgl. Opll, Eisenbuch, 85.

66 Wien, Schottenkloster, Archiv, Urkunde 1476 Juni 11. – Zu Bürgermeister Hans Heml (in dieser Funktion von 1473–1478) vgl. Perger, Ratsbürger, 210 Nr. 267.

67 Vgl. Opll, Eisenbuch, 87.

glossen etwa 250 x 190 mm. Die beiden Schriftspalten waren jeweils 55 mm breit. Die Vertikalglosse des äußeren Freirandes maß 20, die des inneren Freirandes 18 mm. Der Glossentext war wie üblich kleiner und mit engerem Zeilenabstand als der Haupttext geschrieben: 10 Zeilen des Haupttextes entsprachen in der Höhe etwa 14 Zeilen im Glossenapparat. Eine Linierung ist nicht erkennbar, doch macht das sehr regelmäßige Textlayout klar, dass die Fragmente ein Linienschema für Haupt- und Glossentext besessen haben. Höhe und Breite der verlorenen Einzelblätter sind allein an Hand des Schriftabklatsches nicht eruierbar, werden aber unter Berücksichtigung der Schriftraumproportionen die Werte 280 und 220 mm nicht wesentlich überschritten haben.

Die noch erkennbaren Textpartien auf der Innenseite des Hinterdeckels reichen aus, um den Text eindeutig zu identifizieren. Es handelt sich um Fragmente des in Österreich nach heutigem Kenntnisstand in keiner einzigen spätmittelalterlichen Handschrift überlieferten „Liber pontificalis", einer um 530 in Rom entstandenen Geschichte des Lebens der Päpste, die im Lateran bis in das ausgehende Mittelalter regelmäßig auf den neuesten Stand gebracht worden war.[68]

Die linke Seite des Doppelblattes enthielt einen Teil des Kapitels 94 mit der Vita des Papstes Stephan II. (752–757), die rechte Seite einen Teil aus Kapitel 97 mit der Vita Papst Hadrians I. (772–795).[69] Die Glosse kann auf Grund des nur teilweise lesbaren Abklatsches nicht näher bestimmt werden.

Die Fragmente sind in kalligraphischer Textualis („Textura") des 14. Jahrhunderts geschrieben. Die in der Regel doppelt gebrochenen Schäfte (z. B. bei m, n) sowie die fast ausschließliche Verwendung eines kastenförmigen a mit giebelartig ausgebildeter Scheitellinie repräsentieren eine Variante dieser Schriftart,[70] die in gleichartiger Form vor allem in nordfranzösischen Handschriften des ersten Viertels des 14. Jahrhunderts begegnet. Als ein Beispiel unter vielen sei etwa auf die in diesem Zeitraum, wahrscheinlich in Paris, entstandene dreibändige Bibel Stuttgart, Landesbibliothek, Cod. bibl. 2° 3a–c verwiesen.[71]

Die Entstehungszeit der Handschrift, der die in Rede stehenden Fragmente ursprünglich angehörten, liefert den *terminus post quem* für den Zeitpunkt der erstmaligen Bindung des *Eisenbuches*. Demnach erscheint es möglich, dass bereits um 1350, nach Niederschrift und Ausschmückung der ersten Texte, alle zu diesem Zeitpunkt bereits linierten, aber größtenteils noch unbeschriebenen Lagen

68 Zum Text vergleiche Lexikon des Mittelalters, Band V (München 1991), 1946–1947 (HARALD ZIMMERMANN).

69 Moderne Edition des Textes bei DUCHESNE, Liber pontificalis, 2 Bde. – Der als Fragmente-Abklatsch im Eisenbuch überlieferte Text entspricht (mit zahlreichen Abweichungen) DUCHESNE, Bd. I, 444 Z. 13 bis 446 Z. 2 (aus Kapitel 94) beziehungsweise Bd. II, 492 Z. 1 bis Z. 24 (aus Kapitel 97). – Mit Sicherheit handelt es sich dabei nicht um die 1142 entstandene Rezension des Petrus Guillermus; zum Vergleich herangezogen wurde PŘEROVSKÝ (Hg.), Liber pontificalis.

70 „Variante III" nach OESER, Beobachtungen, 359–439, speziell 361 f.

71 Vgl. zur Handschrift SAUER – KUDER, Die gotischen Handschriften, 163–168 (Kat. Nr. 80–82), Abb. 302–346.

mit einem Einband versehen wurden, der bereits 1487 durch einen neuen Einband ersetzt wurde. Erst diese Arbeiten zu Ende des 15. Jahrhunderts dürften der Handschrift ihren Namen gegeben haben.[72]

[72] Aus der bereits erwähnten Beobachtung, dass alle der 342 linierten Pergamentblätter ein auch in den Abmessungen völlig übereinstimmendes, auf Zweispaltigkeit ausgelegtes Linienschema zeigen, kann geschlossen werden, dass man bereits um 1320 den Gesamtumfang des anzulegenden Stadtbuches abschätzte und alle dafür nötigen Lagen in einem Zuge herstellte und linierte. Das macht jedoch nur dann Sinn, wenn schon zu diesem frühen Zeitpunkt eine baldige Vereinigung der Lagen zu einem Codex geplant war. Eine Bindung der Lagen hat sicher nicht vor Beschriftung und Ausschmückung der fol. 1r–6v stattgefunden, da dies die Arbeit der mit dem Einsetzen der roten und blauen Lombarden und des rot-blauen Fleuronnées beschäftigen Kräfte unnötig erschwert hätte. (Aus arbeitsökonomischen Gründen wurden in der Regel alle roten beziehungsweise alle blauen Ausstattungsteile auf ungebundenen Doppelblättern in getrennten Arbeitsgängen ausgeführt.) – Zur Frage der Bezeichnung des Stadtbuches siehe auch den Beitrag von Fischer, hier im Buch auf S. 133ff.

Abbildungen

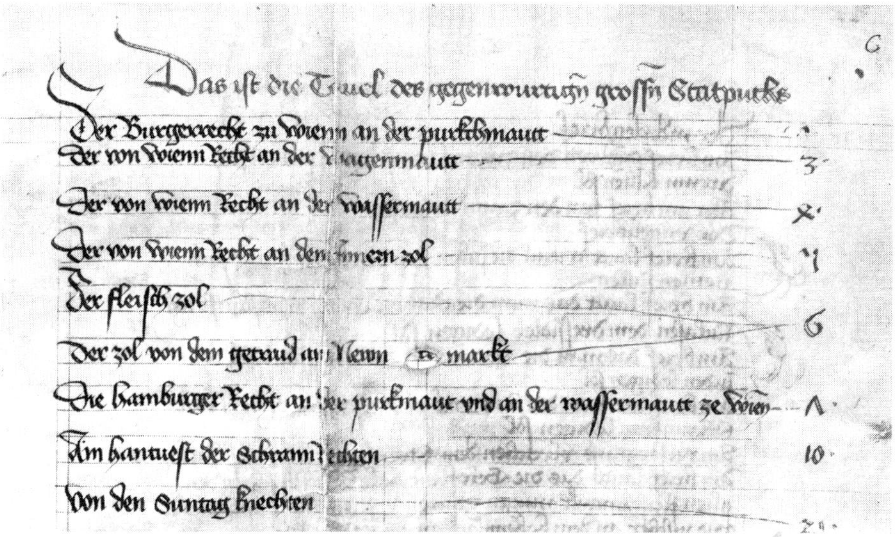
Das ist die Tauel des gegenwurtigen grossen Statpuchs
Der Burgerrecht zu Wienn an der pruckhmautt
Der von Wienn Recht an der wagenmautt
Der von Wienn Recht an der wassermautt
Der von Wienn Recht an dem innern zol
Der fleisch zol
Der zol von dem getraid am Newn markt
Die Hamburger Recht an der pruckmaut und an der wassermautt ze Wienn
Ain hantuest der schrannschriben
Von den Suntag knechten

Abb. 1: Eisenbuch, fol. c recto – Inhaltsverzeichnis von 1434.

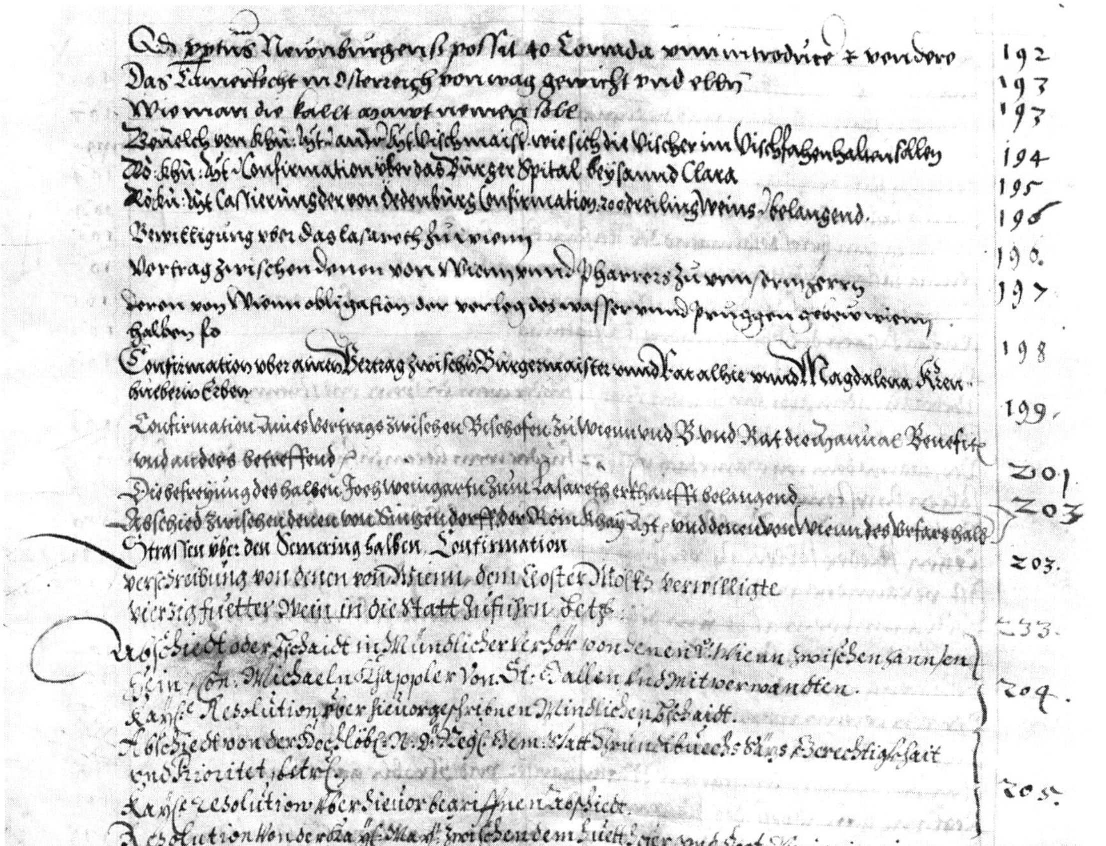

Abb. 2: Eisenbuch, fol. f verso – Inhaltsverzeichnis, beschrieben Anfang 16. bis Mitte 17. Jahrhundert.

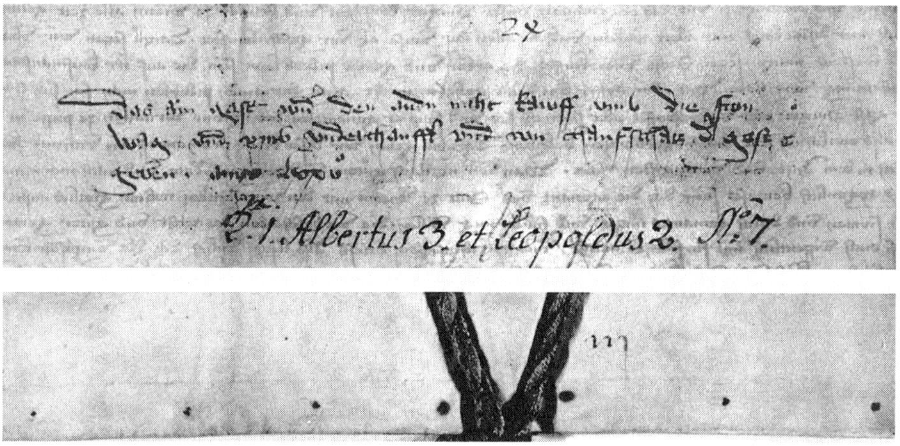

Abb. 3: Reversseite (Ausschnitt) WStLA, HAU 853 (= Priv. 20) (1375 April 30).

Abb. 4: Anordnung des Bürgermeisters Hans Steger von 1434 betreffend Wiederaufnahme der Arbeiten am großen Stadtbuch (Eisenbuch, fol. 52v).

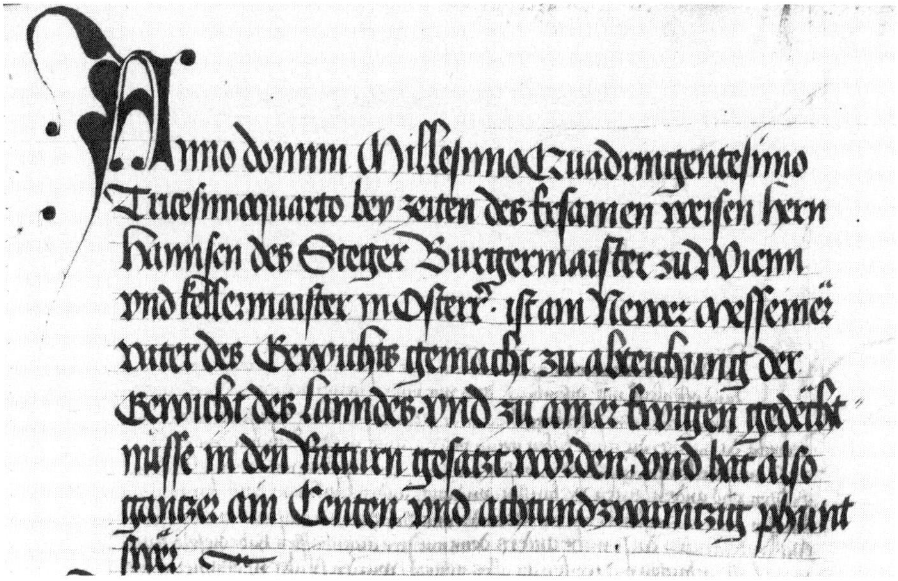

Abb. 5: Notizen betreffend Normgewicht etc. von 1434 (Eisenbuch, fol. 98r).

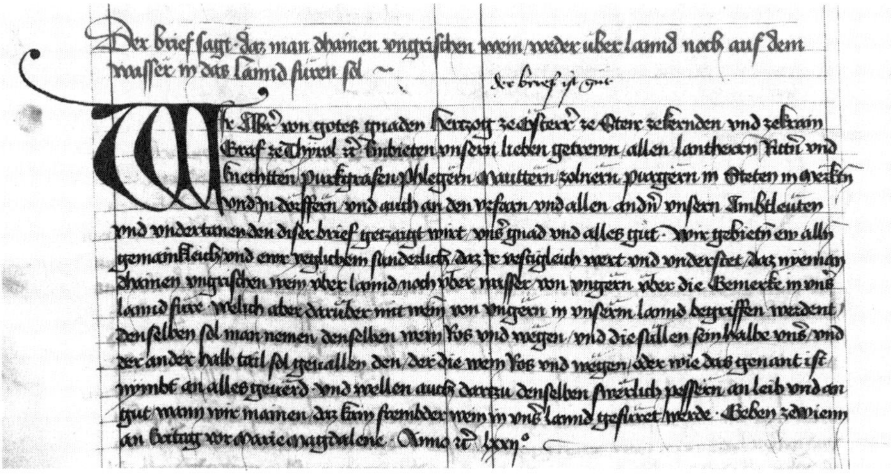

Abb. 6: Hauptschreiber von 1434 (Eisenbuch, fol. 63v).

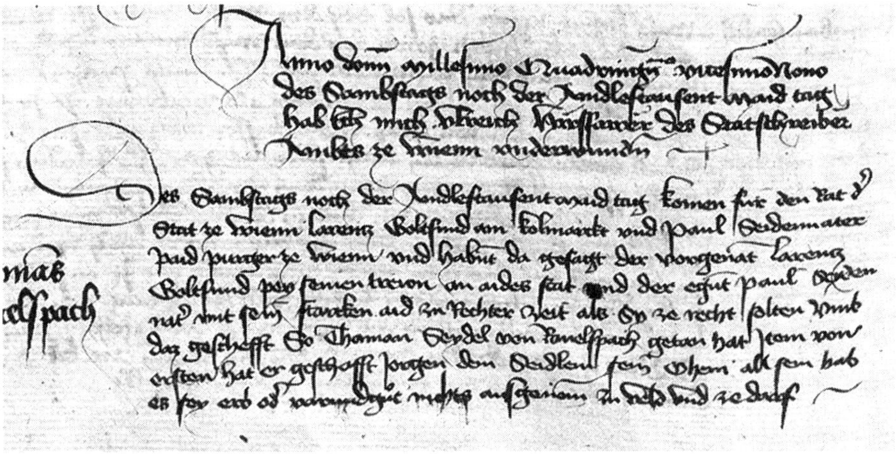

Abb. 7: Notiz des Stadtschreibers Ulrich Hirssauer zu seinem Amtsantritt am 22. Oktober 1429 (Handwerksordnungsbuch, fol. 334v).

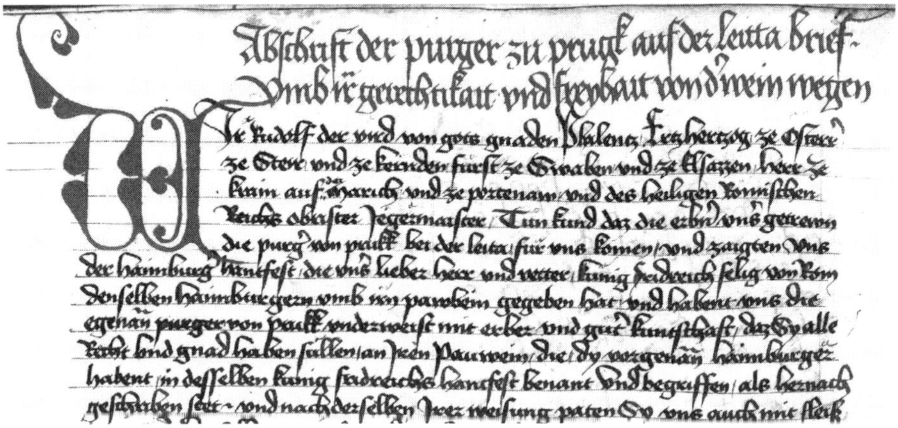

Abb. 8: Abschrift (Ausschnitt) Urkunde von 1359 Dezember 15 (Eisenbuch, fol. 130r).

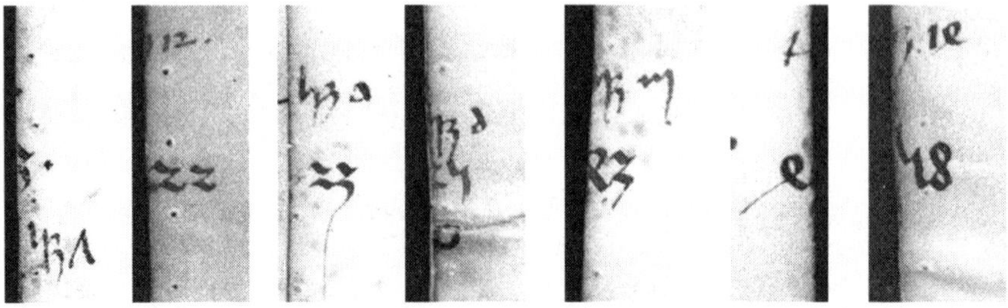

Abb. 9: Eisenbuch, fol. 54v: 3 – habet 7; fol. 66v: 22 – [hab]et 12; fol. 67v: 23 – habet a; fol. 69v: [2]5 – habet d, Kreis; fol. 78v: 43 – habet m; fol. 81r 4[9], Kreuz; fol. 85v: 58 – [hab]et 14.

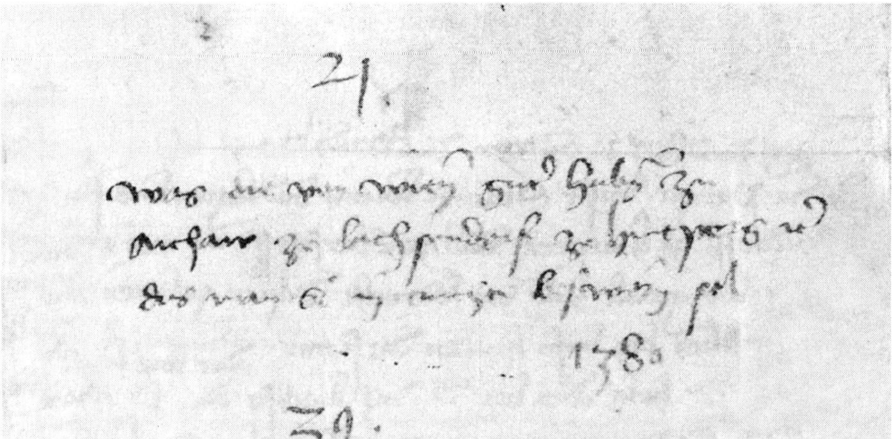

Abb. 10: Reversseite (Ausschnitt) WStLA, HAU 978 (Priv. 22) (1380 April 7).

Abb. 11: Nahzeitige Kopie der Urkunde 1459 VII 17 mit Cadelleninitiale und um 1575 nachgetragenem Titel (Eisenbuch, fol. 169r).

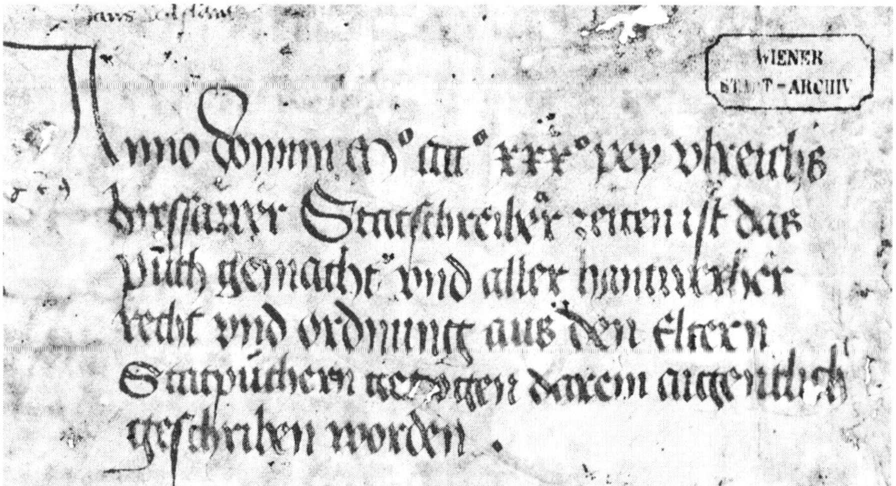

Anno domini … vlreichs
hirssawer Statschreiber zeiten ist das
püch gemacht vnd aller hantwercher
recht vnd ordnung aus den eltern
Statpüchern getzogen darein aigentlich
geschriben worden.

Abb. 12: Notiz von 1430 zur Anlage des Handwerksordnungsbuches (WStLA, Hs. 97/1, fol. IIIr).

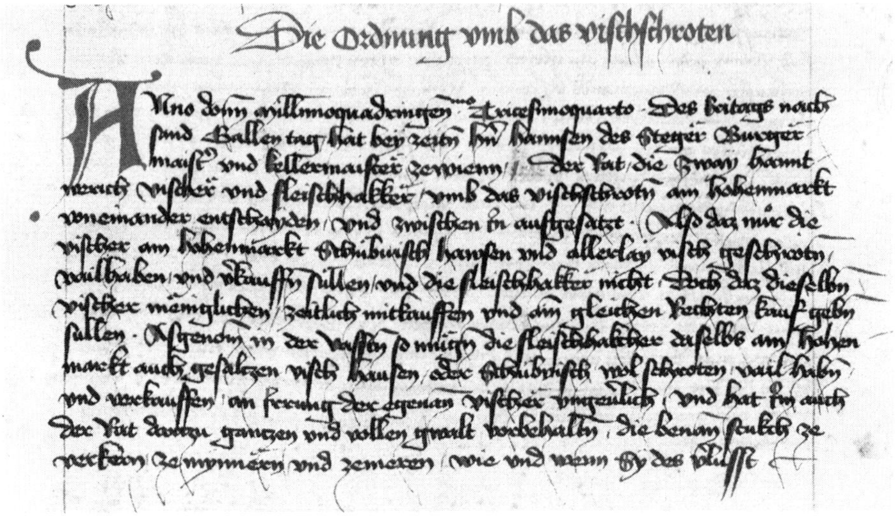

Abb. 13: Notiz über das Fischschroten von 1434 Oktober 16 im Handwerksordnungsbuch (WStLA, Hs. A 97/1, fol. 101r).

Abb. 14: Überschrift zur Urkunde WStLA, HAU 2406 (1432 Juni 23) betreffend die Verhältnisse zwischen Kaufleuten und Krämern in Wien (Eisenbuch, fol. 48v).

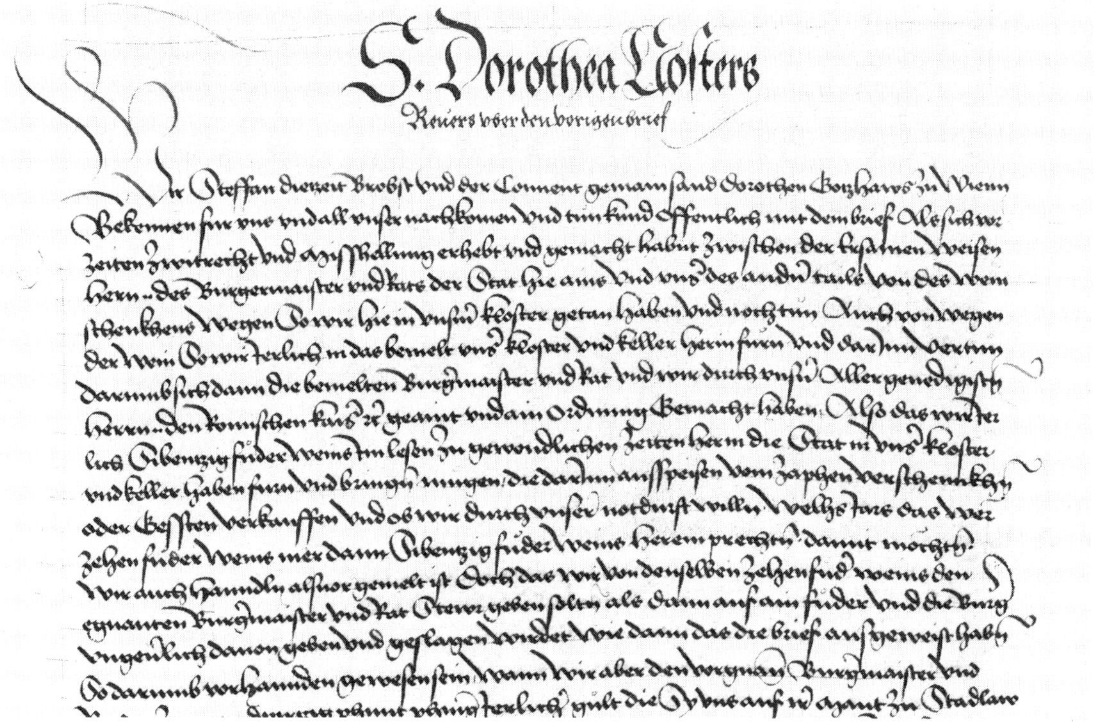

Abb. 15: Abschrift WStLA, HAU 4504 von 1473 Dezember 20 (Ausschnitt) (Eisenbuch, fol. 176r).

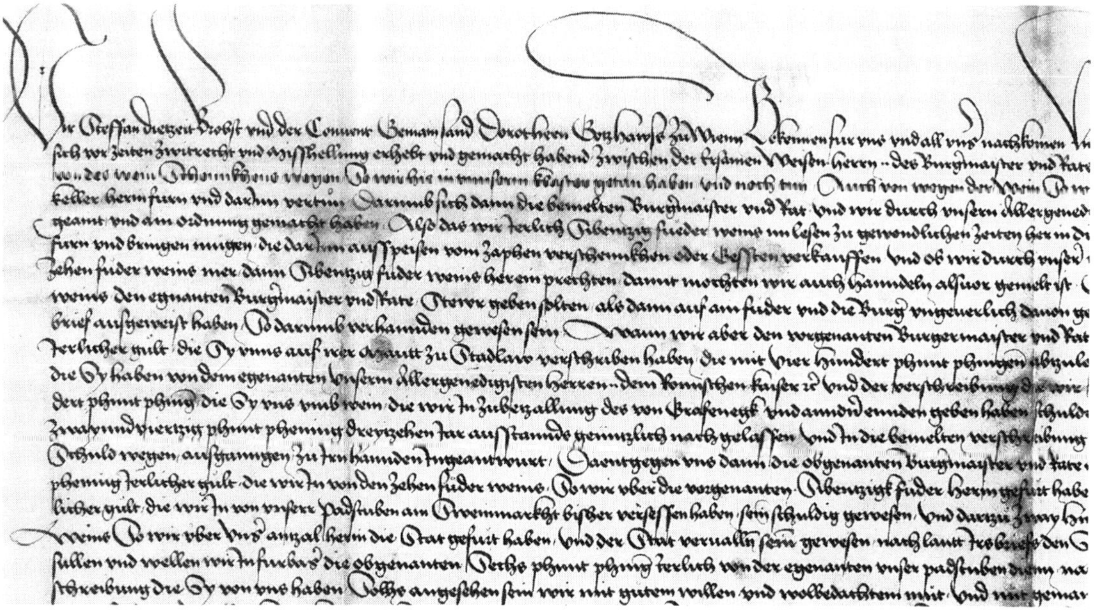

Abb. 16: WStLA, HAU 4504 (1473 Dezember 20) (Ausschnitt).

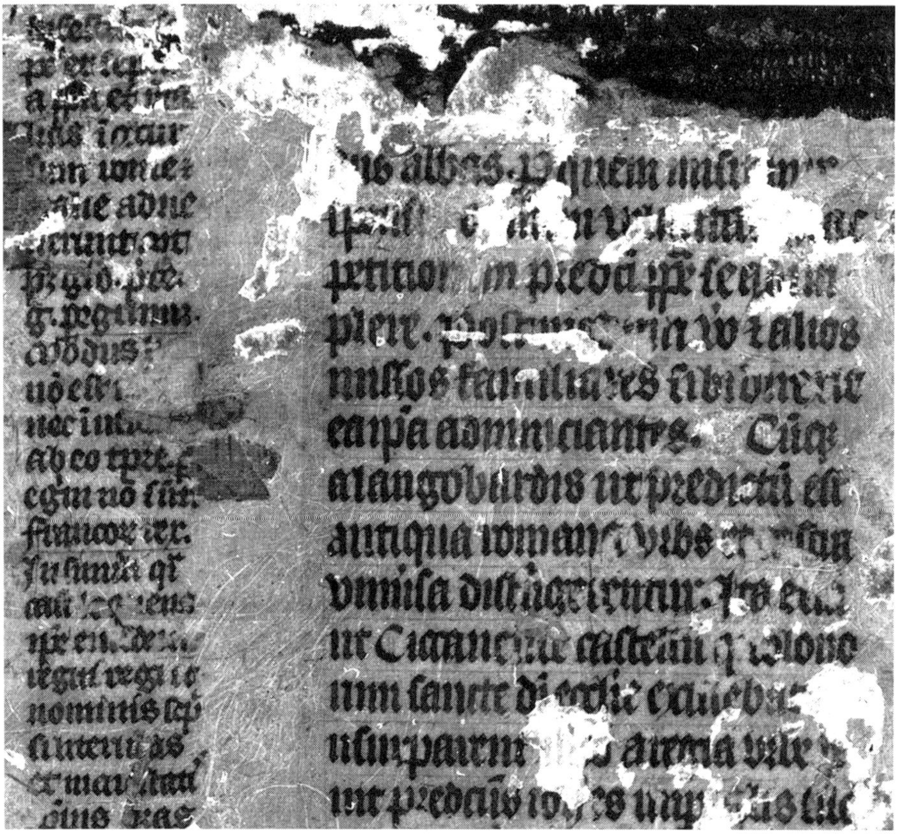

Abb. 17: Glossierte Vita Papst Stephans II. (aus Liber pontificalis, Kap. 94); Nordfrankreich, 1. Viertel 14. Jahrhundert – Abklatsch (Ausschnitt) eines Fragmentes auf dem Hinterdeckel des Eisenbuches.

DER MITTELALTERLICHE EINBAND

Andreas Fingernagel – Franz Kirchweger

Wurde in Anlehnung an die Quellen der Einband des *Eisenbuches* in der bisherigen Literatur als „prunkvoller, aus der Barockzeit stammender Einband mit Messingbeschlägen"[1] klassifiziert, so haben die in diesem Beitrag zusammengefassten Untersuchungsergebnisse ergeben, dass wesentliche Teile des Einbandes, nämlich die Holzdeckel und ein Großteil der Messingbeschläge, noch aus dem Mittelalter stammen. Das historisch so bedeutende *Eisenbuch* ist damit auch ein wichtiger Zeuge für die spätmittelalterliche Einbandkunst in Wien geworden. Die Ergebnisse einer interessanten Teamarbeit seien hier kurz dargestellt.

Die mittelalterlichen Beschläge

Das Gesamtkonzept *(Abb. 1–3)*

Das Gesamtkonzept in der Anbringung der Metallbeschläge des mittelalterlichen Einbandes lässt sich einigermaßen sicher rekonstruieren. Demnach bestand es aus jeweils vier kreissegmentförmigen Eckbeschlägen (EB), je einem scheibenförmigen Mittelstück (MB) und aus jeweils vier zwischen den Eckbeschlägen liegenden Randbeschlägen (RB). Diese Elemente sind weitgehend vollständig erhalten, ihre heutige Erscheinungsform jedoch insofern massiv beeinträchtigt, als in späterer Zeit großformige, scheibenförmige Buckel[2] auf diese Eck- und Mittelbeschlage montiert wurden, die nun die eingravierten Verzierungen großflächig verdecken. Es ist es kaum vorstellbar, dass diese Metallbuckel, die zeitlich wohl mit der Neubindung von 1487 zu verbinden sind, zum ursprünglichen Konzept gehört haben. Die Gravierungen laufen unter den Buckeln weiter und berücksichtigen – wie bei den Eckstücken, bei denen diese Ergänzungen teilweise verloren sind, gut nachzuvollziehen ist – in keinem Fall diese Zutaten. Im Zusammenhang mit der Besprechung der Einbandtypologie wird diese Frage nochmals anzusprechen sein.

Eingebunden in dieses Konzept waren weiters die bereits erwahnten, in derselben Art gestalteten Randbeschläge, die, rechtwinkelig umbrechend, auch die Kanten zwischen den Eckstücken einfassen. Auch diese rechteckförmigen Stücke

1 Siehe dazu Opll, Eisenbuch, 7.

2 Zu den Metallbuckeln siehe die Ausführungen hier im Buch bei Breu, S. 115ff. und Krauss, S. 89ff.

sind weitgehend vollständig erhalten; nur die untere Leiste auf dem Hinterdeckel (HD-RB-u; *Abb. 9*) ist eine spätere Ergänzung.

Nur mehr zu rekonstruieren sind dagegen die ebenfalls später montierten Schließen (ÖR-o und ÖR-u; *Abb. 8a, b*) und die dazugehörigen Schließenrasten (DL-o und DL-u), von denen sich in keinem Fall mittelalterliche Originalteile erhalten haben. Die erhaltene Schließe und die beiden Schließenrasten gehören einer zeitlich nicht näher einzugrenzenden Ergänzungsphase an (18./19. Jahrhundert?). Dass auch der mittelalterliche Einband solche Schließen aufgewiesen hat, kann aber, in Analogieschluss zu zeitgleichen Einbänden, mit großer Sicherheit angenommen werden.

Vorläufig resümierend kann das Gesamtkonzept der Metallbeschläge als ein umfassendes und aufwändiges klassifiziert werden, das mit großen und reich verzierten Eck- und Mittelstücken, dazwischen liegenden Kanteneinfassungen und (rekonstruierbaren) Schließen gleichsam das gesamte Repertoire an Möglichkeiten ausschöpft und sich somit vom Anspruch her einem Prachteinband annähert. Man kann vorläufig diesen Einband als aufwändig gestalteten mittelalterlichen Gebrauchseinband klassifizieren; die kunsthistorisch-typologische Einordnung wird zeigen, welch hoher Stellenwert diesem Einband in der Überlieferungsgeschichte zukommt.

Die einzelnen Elemente des mittelalterlichen Einbandes

Die Eckstücke

Die jeweils vier Eckstücke haben die Form eines Viertelkreissegmentes *(Abb. 2a–d)*, das zu den Außenkanten des Buchdeckels hin über die Stirnseiten geführt und an diesen Schmalseiten durch Nägel befestigt ist. Die den Deckelmitten zugewandten, viertelkreisförmigen Konturen der Eckstücke werden von einem gekerbten Blattfries gebildet, der aus dreiteiligen, spitzen Blattsegmenten besteht. Keilförmige „Einschnitte" zwischen den einzelnen Segmenten setzen die Formen voneinander ab und rhythmisieren den Verlauf dieses Saumes. Eine konzentrisch zur Umrissform angebrachte Reihe von Bohrlöchern (ø = 5–6 mm) flankiert diese spitz zulaufenden Einkerbungen und unterstützt den Augenschein von voneinander abgesetzten Blattgruppen (gelegentlich werden die Bohrlöcher als Halterung für möglicherweise sekundär angebrachte Befestigungsnägel genützt). Die blattartige Struktur dieser Schmuckelemente wird durch die fischgrätförmig angeordnete, eingravierte Blattäderungen unterstrichen.

Auf diese Blattreihe folgen gegen die Außenkanten hin zwei im Abstand von ca. 3–4 mm geführte, konzentrische Viertelkreislinien, die diesen Blattfries von einem weiteren vegetabil-zoomorph gestalteten Dekorationsbereich abgrenzen.

Die darin angebrachten Schmuckelemente sind grundsätzlich gegenständig aufgebaut. Am besten lässt sich dies bei den Eckstücken beobachten, an denen die nachträglich angebrachten scheibenförmigen Buckel verloren sind; doch besteht kaum ein Zweifel daran, dass das in der Folge beschriebene Schema grundsätzlich, also auch bei den übrigen Stücken, eingehalten wurde.

Demnach sind die Viertelkreissegmente prinzipiell so gestaltet, dass sich die Motive von einem als Boden definierten inneren Viertelkreis spiegelsymmetrisch aufbauen, wobei die Mittelachsen in den gedachten Diagonalen der Deckel liegen. In dieser Mittelachse befindet sich jeweils ein baumartig emporwachsender Rankenast, dem sich gegenständig jeweils ein Drache zuwendet. Drachen und „Baum" werden – so der Eindruck bei manchen dieser Darstellungen (siehe *Abb. 2b*) – insofern miteinander in eine unmittelbare Beziehung zueinander gesetzt, als man den Eindruck gewinnen kann, die Fabeltiere verbeißen sich in die kurzen Äste, die vom Hauptstamm ausgehen. Vergleiche mit verwandten Dekorationsformen werden diesen Eindruck bestätigen (s. unten S. 39 ff.). Die Drachen selbst entsprechen weitgehend der „klassischen" Form, die sie in der Gotik bei Beschlägen, in der Buchmalerei und in anderen Medien einnehmen. Markant treten ihr hundeschnauzartiger Kopf mit ausgeprägter Nasenpartie, die großen Augen und die langen „Schlackerohren" in Erscheinung; die Schnauze ist dabei stets geöffnet, ohne dass die wenig furchterregenden Wesen deshalb an Bedrohlichkeit gewinnen. Markant ausgebildet sind auch die Pranken und die im Verhältnis zum Körper mächtigen Flügel. Zum Standard mittelalterlicher Dekorationsschemata gehört auch, wie die Drachenleiber in einer seltsamen Metamorphose im Schwanzbereich in weit ausladende Rankenäste übergehen. Hierbei macht sich ein weiteres Dekorationsprinzip bemerkbar. Drachen und Ranken wurden in ihrer Anordnung offensichtlich ganz nach flächendekorativen Grundsätzen verteilt; freie Flächen werden weitgehend vermieden, ebenso Raum schaffende Überschneidungen. Diesem Prinzip wird auch der ansonsten „logische" Bildaufbau geopfert: Gehen Drachen, Ranken und „Bäume" ineinander über bzw. sind sie eindeutig einem dieser Bereiche zuzuordnen, so werden gelegentlich leer gebliebene Flächen mit losen Rankenästen gefüllt (siehe *Abb. 2d*), die frei in der Fläche „schweben". Die Ranken zeigen eine relativ große Formenvielfalt und ein verhältnismäßig umfangreiches Motivrepertoire *(Abb. 2a–d sowie S. 123 Abb. 1)*. Neben einfachen Herzblättern dominieren fünfteilige, symmetrische Blätter mit rund gebogten Blattspitzen, dreiteilige Blätter, die zu kompositen, mehrteiligen Motiven zusammengesetzt werden, akanthusförmige Blätter und, als besonders markante Erscheinungsform, großformige Blätter mit spitzen, konkav gebogten Blättern. Der Rankenverlauf entfaltet sich trotz einer gewissen Symmetrie in der Anordnung weitgehend frei; wie auch in der Buchmalerei und anderen Schwesterkünsten werden die Rankenabzweigungen durch „Spangen" genannte Bänderungen angezeigt.

In wirkungsvollem Kontrast zu den Bildmotiven tritt die Gestaltung des Hintergrunds. Dieser wurde in der Technik des Tremolierstiches[3] dicht mit Zick-

[3] Siehe dazu allgemein Fritz, Gestochene Bilder, 32, sowie Breu, hier S. 118 Anm. 8.

zacklinien gefüllt, um die hinsichtlich ihrer Binnenzeichnung nur andeutungsweise bzw. überhaupt nicht strukturierten Drachen und Blattformen deutlich abzusetzen und besser lesbar zu machen. Die mit dem Flachstichel eingravierten Zacken sind dabei so angeordnet, dass sie den Eindruck eines durchgehenden Rautenmusters – ein auch in der Buchmalerei weit verbreitetes Hintergrundmotiv – vermitteln. Wir werden bei der kunsthistorischen Einordnung der Motive im Vergleich mit anderen Beispielen aus dem Bereich der Metallkunst nochmals darauf zurückkommen.

Die Mittelstücke

Die beiden scheibenförmigen Mittelstücke (VD-MB, HD-MB; ø = ca. 110 mm; *Abb. 1 und 3)* entsprechen in ihrer Gestaltung im Wesentlichen den Eckstücken und sind somit eindeutig als zeitgleich mit diesen entstanden einzustufen. Die Umrissgestaltung erfolgt wieder mit einem umlaufenden Fries aus dreiteiligen, gekerbten und geäderten Blättern und kreisrunden Bohrungen. Belebt wurde der Umriss hier durch vier, etwa in den Diagonalachsen des Einbandes gelegenen Ausläufern, die die Form von stilisierten Lilien aufweisen; in den mittleren Blättern dieser Ausläufer wurden Bohrlöcher für die Befestigung am Deckel angebracht. Die den Außenkontur begleitenden gepunzten Linien und die gefeilten oder gesägten kerbschnittartigen Vertiefungen zwischen den Blattsegmenten entsprechen wieder den Eckstücken.

Prinzipiell formgleich mit diesen sind auch die zwei mit dem Zirkel gezogenen konzentrischen Kreise, die den Fries von dem zentralen, verzierten Mittelsegment abgrenzen. Auf dem VD dominieren einfache, meist dreiteilig gebogte Blattsegmente, die von einem gedachten Mittelpunkt zentrifugal ausstrahlen. Da hier, wie auch bei dem Mittelstück des HDs, die Mitte jeweils von dem später angebrachten scheibenförmigen Buckel überdeckt ist, lassen sich keine gesicherten Angaben zur Gestaltung dieses Stückes machen. Abweichend, aber im Rahmen des oben geschilderten Formenkanons, wurden dort wieder Drachen mit dem Rankenwerk verbunden; der streng punktsymmetrische Motivaufbau wurde aufgegeben. Wie bei den Eckstücken so wird auch hier der Hintergrund durch gezackte, ein Rautenmuster suggerierende Linien gestaltet.

Die Randbeschläge

Auch die zwischen den Eckstücken angebrachten Metallleisten *(Abb. 4a–d)* entsprechen in motivischer und technischer Hinsicht ganz den beiden oben beschriebenen Beschlagtypen. Die zwischen ca. 110/220 x ca. 25 mm messenden Elemente weisen jeweils eine bzw., bei längeren Stücken, drei lilienförmige, zur Deckelmitte ausstrahlende Besatzformen auf, die ganz denen der Mittelstücke

entsprechen. Die Randleisten wurden in vielen Fällen, z. B. an der rechten Längsseite des Vorderdeckels (VD-RB-r), nachträglich eingekürzt, wie in diesem Fall die mitten durch eine Lochbohrung geführte Schnittkante am oberen Abschluss anschaulich belegt. Offenkundig musste eine vorgefertigte längere Leiste bei der Montage auf die dort vermutlich auch schon im mittelalterlichen Zustand vorhandenen Buchschließen hin angepasst werden.
Der bereits beschriebene, gekerbte äußere Blattfries, Bohrlöcher und Kontur begleitende Linien begrenzen einen inneren Blattfries, der jeweils von kurzen Rankenästen seinen Ausgang nimmt, der dem gekerbten äußeren Blattrand zugewandt ist. Das Repertoire des Blattwerkes wird rapportartig vorgetragen, das heißt es setzt bewusst auf die Wiederholung von Einzelmotiven, die wieder aus dem oben beschriebenen Formenkanon schöpfen. Auch die Hintergrundgestaltung mit zackenförmig geführten Tremolierstichen entspricht hier den bisher angeführten Beobachtungen.

Stilistische und typologische Einordnung der mittelalterlichen Beschläge

Die Geschichte der mittelalterlichen Buchbeschläge ist noch nicht geschrieben.

Die Erforschung mittelalterlicher Einbände konzentriert sich bislang ganz auf die Bestimmung der auf dem Einbandleder angebrachten Einzel-, Rollen- und Plattenstempel[4] bzw. auf die eingeschnittenen Verzierungen bei Lederschnitteinbänden.[5] Die systematische Erfassung dieser Dekorationsformen, die neuerdings in Datenbanken zusammengefasst werden,[6] ermöglichen, vergleichbar der Methodik der Wasserzeichenforschung, in vielen Fällen eine genaue Bestimmung der Einbände. Die Beschläge und Schließen, die verhältnismäßig in viel kleinerer Zahl überliefert sind und demnach in ihrer zeitlichen Festlegung auch schwerer zu bestimmen sind, wurden in diesem Kontext kaum berücksichtigt.

Dementsprechend ist auch die Literatur zu diesen Schmuckformen, die auch eine wichtige technische Funktion zu erfüllen haben, überschaubar, wie Szirmai bereits festgestellt hat; das Bekannte zu den gotischen Schließen[7] bzw. Beschlägen[8] wird von ihm zusammengefasst. Vorgestellt wird in seiner Publikation in der Hauptsache die „Normalform" der gotischen Schließen und Beschläge, von der, wie bereits erwähnt, unser *Eisenbuch* ja nicht unwesentlich abweicht. Die spärliche ältere, bis 1985 erschienene Literatur führt Schmidt-Künsemüller in seiner Bibliographie unter den Lemmata „Buchbeschläge" und „Buchschließen"

[4] Vgl. dazu Kyriss, Gotische Einbände, sowie Haebler, Rollen- und Plattenstempel.
[5] Dazu vgl. Schmidt-Künsemüller, Lederschnitteinbände.
[6] Siehe dazu http://www.hist-einband.de/.
[7] Szirmai, Archaeology, 251 ff. (Fastenings).
[8] Szirmai, Archaeology, 263 ff. (Furnishings).

an.[9] Zu ergänzen sind neuere, dort nicht erfasste Einzeluntersuchungen wie etwa die Studie von Hörmann-Weingartner.[10] Zu erwähnen sind in diesem Zusammenhang schließlich noch Werke, die sich mit terminologischen Fragen der Schließen und Beschläge beschäftigen.[11] Auch ein anderer Forschungszweig der Einbanderschließung, nämlich jener, der sich mit den so genannten Prachteinbänden beschäftigt, hat Schließen und Beschlägen wie sie am *Eisenbuch* erhalten sind, kaum Beachtung geschenkt.[12]

Einen nicht zu unterschätzenden Beitrag zu diesem Thema hat dagegen die archäologische Forschung geliefert, die insbesondere bei Ausgrabungen von Buchbinderwerkstätten[13] für diesen Zusammenhang interessantes Material zu Tage gefördert hat. Durch den Verlust des Kontextes mit der Trägerhandschrift bzw. dem Trägerdruck sind die Datierungsmöglichkeiten bei diesen Bodenfunden in vielen Fällen jedoch begrenzt.

Da wie angemerkt corpusartige Werke zu diesem Thema – im Gegensatz zu den Blindstempel- und Lederschnitteinbänden – fehlen, ist man zur Einordnung der Beschläge des großen Wiener Stadtbuches somit in erster Linie auf die verfügbaren Wiener Bestände und indirekte Hinweise in Bestandskatalogen angewiesen. Den größten Schatz bietet hier das bereits erwähnte Werk von Schmidt-Künsemüller, das mit den Einbänden, leider ohne weitere Beschreibung, auch zahlreiche Schließen und Beschläge mit abbildet.

So sind denn auch im Folgenden zu diesem Thema nur Einzelbeobachtungen und punktuelle Vergleiche möglich, die unter dem Aspekt des Vorläufigen gesehen werden müssen.

Bei der Rekonstruktion des Einbandtypus wurde schon darauf hingewiesen, dass die großen Eck- und Mittelbeschläge, die als Randbeschläge bezeichneten Kantenbeschläge und die rekonstruierten Schließen eine verhältnismäßig reiche Verwendung von Metallteilen darstellen. Vergleiche dafür sind speziell für das 15. und frühe 16. Jahrhundert in großer Zahl beizubringen, wie etwa die Einbände von zwei Handschriften in Braunschweig, die 1433 ff. bzw. 1434 ff. datiert sind.[14] Wie beim *Eisenbuch* sind auch hier metallene Randbeschläge aufgesetzt, die die Buchdeckel im Verband mit den Eckstücken umlaufend einfassen. Allem Anschein nach wurden die Metallbuckel auch in diesem Fall später angebracht. Die viertelkreissegmentförmigen bzw. scheibenförmigen Beschläge sind hier jedoch äußerst sparsam verziert, sodass die Buckel das Dekorationskonzept in diesem Fall nicht beeinträchtigen. Aus späterer Zeit wäre noch der Einband des griechischen Codex Supplementum Graecum 177 der Österreichischen National-

[9] Schmidt-Künsemüller, Bibliographie.

[10] Hörmann-Weingartner, Messbucheinbände.

[11] Cockx-Indestege – Hermans, Sluitwerk; Maywald-Pitellos, Buchverschlüsse.

[12] Steenbock, Prachteinband, und die nachfolgende Forschung fokussieren ganz auf materiell reicher ausgestattete Einbände, die mit Edelmetallen, kostbaren Steinen oder Elfenbeinen verziert sind.

[13] Vgl. dazu Iras-Melis, Buchbeschläge.

[14] Vgl. dazu Schmidt-Künsemüller, Lederschnitteinbände, Kat.-Nr. 392 und 393.

bibliothek[15] anzuführen, der in das Jahr 1528 datiert ist und ebenfalls vergleichbar aufwändige Beschläge aufweist.

Auch für die typologischen Besonderheiten und die technische Ausführung der Beschläge am *Eisenbuch* lassen sich vereinzelte Vergleichsbeispiele beibringen. Im Verhältnis zu dem relativ dicht überlieferten Material des 14. und 15. Jahrhunderts fällt jedoch auf, dass dabei Gravuren in der Technik des Punzierens bzw. des Tremolierstiches nur selten anzutreffen sind. Gleiches gilt für die zweite Besonderheit, die darin zu sehen ist, dass die Eck- und Mittelstücke scheibenförmig-flach gestaltet sind. Dies widerspricht grundlegenden Gestaltungs- und Funktionsprinzipien spätmittelalterlicher Eck- und Mittelbeschläge, welche fast durchgehend den Flächen aufgelegte erhabene Buckel aufweisen. Diese Ausführungsform war wesentlich durch die Funktionalität der Beschläge bedingt, da nur ein auf fünf Punkten abgestützter Codex stabil auf der Unterlage aufliegt und somit auch eine Beschädigung der Einbanddecke verhindert werden kann. Dieses als Quincunx-Aufteilung bezeichnete System entspricht der Anordnung der fünf Augen eines Würfels. Der rekonstruierte mittelalterliche Einband des *Eisenbuches* war diesem System zu Beginn offenbar nicht gefolgt;[16] man hatte damit wohl in Kauf genommen, dass die zahlreichen Auflagepunkte der Eck- und Mittelbeschläge bzw. Schließen keine stabile Auflage ergeben haben, zumal auch die Buchdeckel aus Holz dazu neigen sich zu verwerfen. Dieser Umstand muss denn auch spätestens 1487[17] als Manko angesehen worden sein, da man nun nachträglich je fünf Buckel auf den Vorder- und Hinterdeckel aufmontiert hatte. Möglicherweise stellen diese heute vorhandenen großen Buckel dabei jedoch bereits eine zweite Stufe einer entsprechenden Adaptierung dar. Die frei liegenden Eckplatten zeigen jeweils zwei nebeneinander liegende Bohrlöcher, wovon im Fall des Beschlags am unteren Rand außen, der abgenommen war und im Rahmen der aktuellen Restaurierungsmaßnahmen wieder montiert wurde,[18] eindeutig nur das größere Loch für den heutigen Buckel Verwendung fand. Die näher zur Ecke hin gerückten, etwas kleineren und heute funktionslosen Bohrungen könnten unter Umständen davor zur Verankerung für kleinere Auflager gedient haben. Abdrücke oder sonstige konkrete Spuren, die eine solche Annahme stützen könnten, sind allerdings keine eindeutig erkennbar.

Obwohl diese Ausführungsform (Beschläge ohne Buckeln) erheblich von der beschriebenen Norm bei gotischen Einbänden abweicht, lassen sich solche Lösungen in weiteren Einzelfällen nachweisen. Wir führen hier etwa einen Einband aus der Prager Kapitelbibliothek an, der zu einer Handschrift des 14. Jahrhunderts gehört[19] und gravierte und gepunzte Eck- und Mittelbeschläge auf-

15 Vgl. Hunger, Supplementum, 310.
16 Dies resultiert aus der durchgehenden Gravur der Beschläge.
17 Siehe dazu hier im Buch die Ausführungen bei Fischer, S. 134ff., und Krauss, S. 93ff.
18 Siehe dazu den Beitrag von Breu, hier S. 121f.
19 Podlaha, Domschatz, 43 ff. mit Fig. 47.

weist.[20] Kleinere, aber grundsätzlich mit dem Wiener *Eisenbuch* verwandte Beschläge finden sich auch bei einer Reihe von Einbänden, die nach Salzburg zu lokalisieren sind und überwiegend zu Drucken der zweiten Hälfte des 15. Jahrhunderts gehören.[21] Die Umrissgestaltung der Beschläge dieser Gruppe ist grundsätzlich mit dem Wiener Exemplar vergleichbar; die eingravierten Filigranranken weisen auf das 15. Jahrhundert, doch fehlen unseres Wissens nach gesicherte Angaben über die Datierung.

Neben dieser typologischen Annäherung an die Beschläge des *Eisenbuches*, die immerhin belegen, dass seit dem 14. Jahrhundert vereinzelt gravierte Beschläge in Gebrauch waren, die nicht als Durchbruchsarbeiten ausgeführt und auch nicht mit Buckeln kombiniert waren, können zur Einordnung auch noch die motivischen Besonderheiten angeführt werden. Wir konzentrieren uns hierbei ganz auf das markante Motiv der mit vegetabilen Formen verbundenen Drachen, die in der Einbandkunst des 14. Jahrhunderts in zahlreichen Exemplaren nachzuweisen sind.

Bei dem ersten Beispiel handelt es sich um den Einband des berühmten Willehalm der Wenzelswerkstatt *(Abb. 5a–d)*, der 1387 in Prag entstanden ist.[22] Die Handschrift weist offensichtlich noch den mittelalterlichen Originaleinband auf. Auf den mit hellbraunem Leder überzogenen, mit Streicheisenlinien gegliederten Holzdeckeln sind je fünf Messingbeschläge angebracht. Motivisch sind sie den Beschlägen des *Eisenbuches* nicht ganz unähnlich. Ein zentrales Schmuckmotiv stellen die kauernden, Ranken „speienden" Drachen der Eckbeschläge und die Besatzmotive dar, die im Wesentlichen aus stilisierten Lilien bestehen. Auch das Mittelstück ist zumindest in den äußeren Umrissformen unserem Codex gegenüberzustellen. Signifikant sind aber auch die Unterschiede, die primär in technischer Hinsicht bestehen, denn die Eckbeschläge des *Wenzel-Willehalms* weisen mit den flachen Zierstücken mitgegossene, erhabene Buckel auf und die Motive (Drachen, Ranken) sind nicht eingraviert, sondern erscheinen ausgespart bzw. ausgesägt. Der Kontrast zwischen den Motiven und dem Hintergrund wird in diesem Fall durch farblich hinterlegte Pergament(?)stücke noch erhöht.

Als weiteres Vergleichsbeispiel, sowohl für die markanten Drachenmotive, als auch für die Vorgehensweise bei einer barocken Restaurierung, kann auf den Einband eines *Graduale Bambergense*[23] hingewiesen werden. Das Datum der Neubindung ist hier mit dem Jahr 1611 angegeben. Bei dieser Aktion wurde – wie im Beispiel aus dem Wiener Stadt- und Landesarchiv – das Einbandleder erneuert und darüber wieder die mittelalterlichen Beschläge aufmontiert. Die Motivik entspricht mit den gegenständigen Drachen, die sich in den Stamm eines symmetrisch aufgebauten Rankenbaumes „verbeißen", ganz dem *Eisenbuch*. In dieser

20 Schmidt-Künsemüller, Lederschnitteinbände, Kat.-Nr. 261.

21 Schmidt-Künsemüller, Lederschnitteinbände, Kat.-Nr. 270 ff., 294 und 295.

22 Österreichische Nationalbibliothek, Cod. Ser. n. 2643; vgl. Mazal, Series-nova, 308 f.

23 Staatsbibliothek Bamberg, RB. Msc. 169 (freundliche Hinweise von Georg Pfändtner, Bayerische Staatsbibliothek, und Max Krauss, WStLA); zu dieser Handschrift und ihrer Datierung vgl. Wemhoff (Hg.), Kunigunde, 130 Kat.-Nr. VIII.3.

Hinsicht und in der Technik (durchbrochener Metallguss mit gravierter Oberfläche) entsprechen die Beschläge und die bei Pfändter angeführten Vergleichsbeispiele ganz den oben angeführten Beschlägen des 14. Jahrhunderts. Diese Datierung schlägt Pfändter unter Hinweis auf die Forschungsliteratur überzeugend auch für das Bamberger Beispiel vor.

Fast identische Gestaltungsmotive finden sich dann auch in einem *Graduale*, das aus dem Dominikanerkonvent in Wien 1931 an die Nationalbibliothek gelangt war *(Abb. 6a–c)*.[24] Die Entstehungszeit des Codex wird in die erste Hälfte des 15. Jahrhunderts gelegt, als Entstehungsort wurden Österreich oder Böhmen vorgeschlagen. Die eindeutige Verwandtschaft mit den Beschlägen des *Wenzel-Willehalms* macht es dann auch wahrscheinlich, diese Teile des Einbandes, nicht wie im zitierten Katalog vorgeschlagen, in das 17. bzw. 18. Jahrhundert zu datieren, sondern auch für sie eine mittelalterliche Entstehungszeit anzunehmen. Offensichtlich liegt mit dieser Handschrift ein Parallelfall zum *Eisenbuch* vor. Bei einer Restaurierung des Einbandes im 17./18. Jahrhundert wurden die vermutlich noch mittelalterlichen Holzdeckel mit weißem Schweinsleder überzogen und mit zeittypischen Rollen- und Einzelstempel verziert; Einbandtypus und Stempelmotive entsprechen dabei weitgehend dem großen Wiener Stadtbuch, unserem *Eisenbuch*. Wie bei diesem wurden auch hier die verlorenen Schließenbleche durch barocke Neuanfertigungen ersetzt, die mit schwungvoll eingravierten Blatt- und Spiralmotiven versehen sind; eine angleichend-historisierende Gestaltung wie beim Beschlag an der unteren Kante des Hinterdeckels am *Eisenbuch (Abb. 9)* war hier allerdings nicht angestrebt.

Kehren wir zum *Eisenbuch* zurück, dann fällt an der Dekoration der gravierten Beschläge die grobe und ungelenke Ausführung ins Auge, die darauf schließen lässt, dass der mit der Ausführung dieser Arbeiten beauftragte Handwerker keine große Übung in der Führung des Grabstichels bzw. der Punze hatte. Deutlich wird dies an den mangelhaft durchgezeichneten Bildmotiven ebenso wie an den offenkundigen Schwierigkeiten, die gravierten Begrenzungslinien der Eckbeschläge genau über der mit dem Zirkel vorgerissenen Kreislinie zu führen oder eine durchgehende Linie parallel zum Kontur der gekurvten Schwünge der Lilienfortsätze zu ziehen. Trotz dieses bescheidenen künstlerischen Niveaus bieten die Gestaltungsmittel der Dekoration gewisse Anhaltspunkte für eine stilgeschichtliche Einordnung und zeitliche Eingrenzung, für die über die seltenen unmittelbaren Vergleichsmöglichkeiten mit Buchbeschlägen im engeren Sinn hinaus auf jene mit anderen Werken der Metallkunst, der Buchmalerei oder auch der Lederschnittkunst zurückgegriffen werden kann.

Insgesamt zeigt sich dabei, dass die Gestaltungsmittel am Wiener *Eisenbuch* ihre direktesten Entsprechungen auf Werken vor der Mitte des 14. Jahrhunderts finden. So treten die Blattformen und der Rankenstil beispielsweise vergleichbar auf verschiedenen Reliquiaren des Bodenseeraumes vom Anfang des

[24] Österreichische Nationalbibliothek, Cod. Ser. n. 4642. Mazal, Series-nova, 304–306.

14. Jahrhunderts,[25] oder – motivisch noch enger verwandt – am gravierten Dekor eines Kopfreliquiars im Stift Melk, dessen Entstehung in einer alpenländischen Werkstatt noch im ausgehenden 13. Jahrhundert angenommen wird *(Abb. 7)*,[26] in Erscheinung.

An allen diesen Beispielen findet sich auch das charakteristische Gestaltungsmittel des mittels Tremolierstichs strukturierten Bildgrundes. Diese Möglichkeit, die bildhaften Gravierungen deutlich vom Hintergrund abzusetzen, war im 14. Jahrhundert in verschiedenen Varianten weit verbreitet. In Niedersachsen tritt sie in der den Wiener Beschlägen unmittelbar vergleichbaren Form der dicht gefügten Zickzacklinien ebenso auf[27] wie im Bodenseeraum, wo eine vermutlich in Zürich um 1300 entstandene Pyxis[28] aus vergoldetem Kupfer überdies auch das Motiv der Lilien in eine Rahmenleiste einbezogen zeigt. Letzteres Motiv erweist sich allerdings in der Metallkunst als prinzipiell ebenso weit verbreitet. Zahlreiche Kreuze des 14. Jahrhunderts weisen Lilienenden auf,[29] als Dekor an Bucheinbänden kommt es beispielsweise dominierend an den à jour gearbeiteten Eckbeschlägen eines Bamberger Codex vor, die ihrerseits eng mit den Beschlägen des schon genannten Bamberger Codex R.B. Msc. 169[30] verwandt sind.

In die erste Hälfte des 14. Jahrhunderts verweisen auch die vagen Analogien, die sich hinsichtlich des Rankenstils der Wiener Beschläge etwa zu Formen ergeben, wie sie in der Heiligenkreuzer Buchmalerei im ersten Viertel des 14. Jahrhunderts vorkommen und beispielsweise in dem um 1320 zu datierenden Codex 15 dieser Stiftsbibliothek auftreten.[31] Hinsichtlich der Drachendarstellungen, einem grundsätzlich überaus weit verbreiteten Schmuckmotiv, lassen sich allgemeine Parallelen etwa in Codices aus St. Florian oder Melk aus der ersten Hälfte des 14. Jahrhunderts feststellen.[32] Bemerkenswert sind auch die Vergleichsmöglichkeiten, die sich zu den Drachen ergeben, die im Wiener *Eisenbuch* selbst auf fol. 1r in den Initialschmuck einbezogen sind (siehe dazu *Abb. 1* im Abschnitt FINGERNAGEL, unten S. 71).

Völlig unberührt zeigt sich die Ornamentik an den Beschlägen des Wiener *Eisenbuches* dem gegenüber von Entwicklungen, die der zweiten Hälfte des 14. Jahrhunderts – im speziellen in der Buchmalerei – zuzuschreiben sind, wie etwa die Übernahme italienischer Formen oder die Rezeption böhmischer Rankenmotive. Details, wie der stilisierte Blattkranz mit der Lochbohrung weist als ein aus der Metallkunst bekanntes Gestaltungsmittel hingegen sogar eher

25 Vgl. dazu HEUSER, Oberrheinische Goldschmiedekunst, Abb. 195–202 sowie Abb. 506.
26 Zu diesem Reliquiar vgl. FILLITZ – PIPPAL, Schatzkunst, 363 Kat.-Nr. 104 mit Abb. 104.4.
27 FRITZ, Gestochene Bilder, Abb. 112 und 114.
28 HEUSER, Oberrheinische Goldschmiedekunst, Abb. 668–671.
29 Vgl. etwa HEUSER, Oberrheinische Goldschmiedekunst, Abb. 182, 489, 495, 516, 550 und 692
30 Siehe oben Anm. 23.
31 Vgl. auch FINGERNAGEL – ROLAND, Mitteleuropäische Schulen I, Abb. 403; Fig. 39.
32 Vgl. etwa den Ausstellungskatalog: Die Zeit der frühen Habsburger (1979), Kat.-Nr. 226 und 227 mit Abb., sowie SCHMIDT, Malerei, Farbtafel 15 und 16.

noch weiter zurück, treten solche Schmuckformen doch schon vor der Mitte des 13. Jahrhunderts auf.[33]

Alle diese Faktoren legen – bei allen Schwierigkeiten, die sich einer genaueren Eingrenzung angesichts des Stilniveaus der Gravierungen prinzipiell entgegenstellen – die Schlussfolgerung nahe, dass die Gravierungen bzw. in der logischen Folge die Beschläge als Ganzes in das 14. Jahrhundert datiert werden müssen. Die Anlage des Codex legt hier einen konkreten *terminus post quem* fest.[34] Denkbar erscheint eine Entstehung der Beschläge – unter Verwendung einer retardierenden Formensprache – wohl noch im dritten Viertel des 14. Jahrhunderts, aber gewiss nicht darüber hinaus.

Die vielfachen und weit gestreuten Vergleichsmöglichkeiten haben gezeigt, dass die Gestaltungsmittel an den Wiener Beschlägen im 14. Jahrhundert grundsätzlich allgemein verbreitet gewesen sein müssen. Unmittelbare Einflussrichtungen lassen sich hierbei keine überzeugend bestimmen. Ohnehin liegt die Annahme nahe, dass man sich seitens der Wiener Stadtverwaltung an einen vor Ort ansässigen Metallhandwerker gewandt haben wird, um den aufwändigen Dekor der Beschläge für den Deckel anfertigen zu lassen. Ein solcher Zusammenhang dürfte auch in gewissen Analogien zwischen der buchkünstlerischen Ausstattung des Codex (siehe Beitrag von Fingernagel, S. 63 ff.) und den Einbandbeschlägen seine Bestätigung finden.

Ergänzungen – Veränderungen

Schließen (Abb. 8a–b)

Die bislang beschriebenen Metallbeschläge sind durchwegs als gleichzeitig entstanden und eindeutig als spätmittelalterlich zu klassifizieren.

Einer weiteren, spateren Phase sind mit Gewissheit die beiden Schließenlager (DL-o, DL-u) und die erhaltene Schließenraste zuzuordnen. Die im Grundriss längsrechteckigen Schließen sind mit jeweils vier Nägeln am Vorderdeckel befestigt. Der mittig angesetzte Dorn diente zur Befestigung der dazugehörigen Schließenraste, die an ihrem Ende eine entsprechende lochförmige Aussparung aufweist. Der rechteckige Umriss der Schließen wurde an den der Buchmitte zugewandten Schmalseiten durch ein zentralsymmetrisch aufgebautes, gebogtes Blattmuster aufgelockert. Die frei geschliffenen Bohrungen und der dreiteilige Aufbau des Mittelteiles sind als bewusste Anklänge an die bisher beschriebenen mittelalterlichen Beschläge zu werten. Die Gliederung der Binnenflächen erfolgt durch gebogte Blattreihen, die am Ansatz eines jeden Bogens durch

[33] Vgl. Takács, Opus duplex, Abb. 1 und 2.

[34] Siehe dazu etwa im Beitrag von Haidinger, hier S. 23 f.

punktförmige Vertiefungen betont sind. Die Blattschraffuren und die Umrisslinien sind im Verhältnis zum mittelalterlichen Bestand akkurater ausgeführt; die Linienführung dieser Gravuren ist sicher und klar und folgt nicht mehr dem „zittrigen" Duktus des Tremolierstiches bzw. der Punzierung. Die Randleisten an den Längsseiten sind durch waffelförmige Muster betont und damit von den glatten Flächen abgesetzt. Die Schließenraste entspricht im Wesentlichen diesem Dekorationsschema.

Die Schließen und die eine erhaltene Schließenraste sind eindeutig neuzeitliche Ergänzungen, wohl des 18. oder 19. Jahrhunderts. – Mit großer Wahrscheinlichkeit ist davon auszugehen, dass auch der mittelalterliche Einband solche Schließen aufgewiesen hat; in jedem Fall wissen wir aus Anlass der Neubindung von 1487 von der Anschaffung solcher Elemente.[35] Schließen gehören zum Standardrepertoire mittelalterlicher Einbände. Mit den schweren Holzdeckeln hatten sie die Funktion, den Buchblock, der aus zur Verwellung neigenden Pergamentblättern besteht, zusammenzuhalten; die technische Notwendigkeit dieser Maßnahme läst sich anhand von Einbänden, die keine Schließen mehr aufweisen, leicht nachvollziehen. Das zweite Indiz, das für die Existenz von Schließen spricht, sind die rückspringenden Ausnehmungen an den Außenkanten des Vorderdeckels, an der Stelle, an der die später hinzugefügten Schließen montiert wurden. Die buchhistorisch begründete Annahme, dass diese Einkerbungen schon im mittelalterlichen Deckel angebracht waren, spricht für die ursprüngliche Existenz dieser Beschlagteile. Letzte Gewissheit über die Existenz dieser Schließen erlangt man durch die Nennung der 1487 für die Neubindung angeschafften *clausur mitsambt den spangen,*[36] die aber schon der „Zweitausstattung" zuzuordnen sind.

Der ergänzte Randbeschlag (HD-RB-u; Abb. 9)

Dieses Element setzt sich nun ebenso deutlich von den sicher mittelalterlichen Beschlägen ab. Unübersehbar ist dabei die grundsätzlich historisierende Absicht dieser Ergänzung, die einerseits eine eigene Formensprache verfolgt, andererseits aber eine bewusste Angleichung an den mittelalterlichen Bestand anstrebt. So nimmt das mittig angesetzte Besatzstück die Lilienform der „Originalbeschläge" auf, bereichert es aber durch eine äußerst differenzierte Binnenzeichnung und deutet es damit auch um. Die Lilie wird nun zu einem kompositen Blattgefüge mit mittigem Fruchtstängel. Die prinzipiell der ersten Hälfte des 18. Jahrhunderts verpflichtete Ausformung des stilisierten Blattkranzes erweist sich beispielsweise an einem Vergleich mit einer ähnlichen Formgebung an einem böhmischen Kelch aus Kupfer in Prag.[37] Auch das Hauptstück der Randleiste erfährt eine

[35] Siehe dazu im Beitrag von Fischer, hier S. 133ff.

[36] Siehe dazu hier im Buch den Beitrag von Fischer, S. 134ff.

[37] Vgl. Diviš, Antiquitäten, Abb. 90.

gewisse Umdeutung bzw. Neuinterpretation. Der der Deckelmitte zugewandte Blattfries erscheint, unter Beibehaltung der markanten Bohrungen, nun aus hufeisenförmigen Segmenten zusammengesetzt, und der Ornamentfries zeigt mit den Zackenbändern, denen zentralsymmetrische Trifolien eingeschrieben sind, ein „neues", nicht aus dem Repertoire der „alten" Beschläge entnommenes Muster. Eine Parallele ergibt sich hier zu einer Zierleiste im Buchschmuck des *Eisenbuches* auf fol. 1v (siehe dazu *Abb. 1* im Abschnitt Fingernagel, unten S. 71), die unter Umständen eine Anregung zum „Historisieren" gegeben haben könnte.

Die Buckel

Die scheibenförmigen Buckel (siehe *Abb. 1–3 und S. 129 Abb. 12),* die über die Mittel- und Eckstücke gesetzt wurden, gehen aller Wahrscheinlichkeit nach auf die Neubindung des Jahres 1487 zurück.[38] Sie beschränken sich auf ihre „hutartige" Grundform und weisen keinerlei weitere Dekorationsformen auf, die eine kunsthistorisch argumentierende Einordnung unterstützen würden.

Die Neubindung

Zumindest der ergänzte Randbeschlag ist im Zusammenhang mit der Neubindung der Handschrift zu sehen, für die das nachgetragene Titelblatt selbst den entscheidenden Hinweis auf eine zeitliche Festsetzung in das Jahr 1705 liefert.[39] Im Zuge dieser Restaurierungsarbeiten, in der die Handschrift *nova compagine accomodabatur,* wurde über den mittelalterlichen Buchdeckel[40] ein „neues" helles Schweinsleder aufgezogen, das mit einem zeittypischen Gliederungssystem aus Streicheisenlinien und Rollen- und Einzelstempeln verziert wurde *(Abb. 10),* die insgesamt die Datierung in das frühe 18. Jahrhundert bestätigen. Die Beschläge mussten im diesem Zusammenhang abmontiert und nach dem Einledern wieder angebracht werden.

Zusammenfassung

Als Ergebnisse dieser kurzen Zusammenstellung lässt sich somit festhalten: Die Beschläge des *Eisenbuches* entsprechen im Dekorationsaufwand, das heißt in der Art, wie durch Eck-, Mittel- und Randbeschläge gleichsam der gesamte Außen-

38 Siehe dazu hier im Buch in den Ausführungen von Fischer, S. 134 ff, und Krauss, S. 93 f.
39 Opll, Eisenbuch, 8.
40 Zu den auf den Innenseiten der Buchdeckel eingeklebten Fragmenten siehe hier im Buch Haidinger, S. 22 f.

kontur des Deckels eingefasst wird, Gepflogenheiten, wie sie im Spätmittelalter bei aufwändig gestalteten Gebrauchseinbänden durchaus üblich waren. Der besonderen Bedeutung des Inhaltes wurde somit mit seinem „Kleid" Rechnung getragen.

Die Grundform dieser Beschläge (Viertelkreissegmente und Scheiben) weicht von der Norm der Beschläge des 14. und 15. Jahrhunderts ab, welche meist die Form von Rauten (Mittelstück) bzw. Trapezen (Eckstücke) aufweisen. Die angeführten Vergleichsbeispiele belegen aber immerhin auch das vereinzelte Vorkommen von aus der Kreisform generierten Beschlagmustern.

Eine Sonderstellung verleiht den Beschlägen auch die technische Ausführung. Das offensichtliche Fehlen von Buckeln bei der Erstausstattung und die Art, wie die Ornamente angebracht wurden (gepunzte und tremolierte Metallflächen), weichen von der allgemeinen Norm ab und sind wieder nur in Einzelfällen belegbar. Die Motive, also die Drachen und Ranken, entsprechen Formen, die in der Einbandkunst ab dem 14. Jahrhundert, im Speziellen im östlichen Mitteleuropa nachgewiesen werden können, dort aber bislang nur in der Gestalt durchbrochener Metallgussarbeiten fassbar werden.

Die stilistische Einordnung der in die Beschläge gravierten Motive weist auf die Zeit vor der Mitte des 14. Jahrhunderts.

Fasst man alle Argumente hinsichtlich der zeitlichen Einordnung zusammen, so wird man für die Beschläge eine Datierung in das 14. Jahrhundert vorschlagen können; ein *terminus post quem* ergibt sich aus der Anlage des Buchblocks.[41] Eine Anfertigung vor Ort durch einen in Wien ansässigen Gold- bzw. wahrscheinlicher noch Rotschmied liegt nahe.

Der Einband wurde in mindestens zwei Kampagnen erneuert, die zum einen in das Jahr 1487, zum anderen in das frühe 18. Jahrhundert (1705) zu setzen sind. In der ersten Phase zu Ende des 15. Jahrhunderts wurde offensichtlich der Lederüberzug und Teile der Beschläge erneuert bzw. ergänzt.[42] Der zweiten Phase der barocken Neubindung sind neben der Erneuerung der Einbanddecke höchstwahrscheinlich der ergänzte Randbeschlag, vielleicht auch die heute noch erhaltenen Schließen, einschließlich der Rasten zuzuordnen. Das Restaurieren von mittelalterlichen Einbänden ist im 17. und 18. Jahrhundert – wie die Vergleichsbeispiele der Handschriften aus dem Wiener Dominikanerkloster und Bamberg gezeigt haben – kein Einzelfall.

41 Siehe dazu die Ausführungen hier im Buch von Haidinger S. 23f.

42 In der bei Fischer, S.134ff. erläuterten Notiz von 1487 heißt es, dass auch ein *vel (= velum),* die (heute nicht mehr erhaltenen) Schließen und die hutförmigen Metallbuckel angekauft und wohl auch verwendet wurden.

Abbildungen

Abb. 1: Eisenbuch, Zustand nach der Fixierung des losen Buckels unten links, vor Beginn der Buchrestaurierung, Jänner 2010.

Abb. 2a

Abb. 2b

Abb. 2c

Abb. 2d

Abb. 2a–d: Die mittelalterlichen Eckbeschläge auf dem VD und dem HD des Eisenbuches (2a: VD ul; 2b: HD or; 2c: HD ul; 2d: HD ur).

Abb. 3: Mittelalterlicher Mittelbeschlag auf dem HD des Eisenbuches mit aufgesetztem Metallbuckel („Kardinalshut“).

Ausschnitt aus Abb. 1: Vorderdeckel des Eisenbuchs.

Abb. 4a

Abb. 4b

Abb. 4c

Abb. 4d

Abb. 4a–d: Mittelalterliche Randbeschläge vom VD und HD des Eisenbuches (4a: HD o; 4b: HD r; 4c: VD u; 4d: HD l).

Abb. 5a

Abb. 5b

Abb. 5c

Abb. 5d

Abb. 5a–d: Mittelalterliche Eck- und Mittelbeschläge bzw. Schließe des „Willehalm“ der Wenzelswerkstatt, Prag 1387 (ÖNB, Cod. Ser. n. 2643).

Abb. 6a

Abb. 6a–c:
Mittelalterliche Beschläge und ergänztes barockes Schließenblech auf einem Graduale aus dem Dominikanerkonvent in Wien, Österreich oder Böhmen, erste Hälfte 15. Jh.
(ÖNB, Cod. Ser. n. 4642).

Abb. 6b

Abb. 6c

Abb. 7: Kopfreliquiar, Deckelplatte mit graviertem Dekor, Alpenländische Werkstatt, Ende 13. Jahrhundert, Kupfer vergoldet, Ø = 17 cm, Benediktinerstift Melk, Schatzkammer (nach: Fillitz – Pippal, Schatzkunst, Abb. 104.4.).

Abb. 8a–b: Ergänzte Schließen(18./19. Jh.) des Eisenbuchs.

Abb. 9: Ergänztes Randstück (HD, Mitte, unten) des Eisenbuchs.

Abb. 10: Blindprägung des barocken Lederüberzugs des Eisenbuchs (HD, untere Hälfte).

DER BUCHSCHMUCK DES „GRUNDSTOCKS" (FOL. 1R–43R)

Andreas Fingernagel

Das *Große Wiener Stadtbuch* wurde besonders zu Beginn (*Abb. 1, 2*) mit einem relativ aufwändigen Buchschmuck versehen. Er konzentriert sich auf die Anfangsbuchstaben, die so genannten Initialen, umfasst aber auch Zeilenfüllungen und die im Allgemeinen zur Rubrizierung gezählten einfachen Ausstattungselemente wie Satzmajuskeln und Paragraphzeichen.

Die Ausstattung bedient sich dabei des im Wesentlichen in der Zeit vom 13. bis zum 15. Jahrhundert verbreiteten Fleuronnéedekors. Charakteristisch für diese typisch gotische Schmuckform ist eine meist mit der Feder ausgeführte Ornamentik, die aus stark vereinfachten und abstrahierten vegetabilen Formen und zoomorphen Motiven, selten auch figürlichen Elementen besteht. Die Dekorationsformen werden meist zweifarbig angelegt, wobei ein Rot-Blau-Akkord dominiert. Treten die Fleuronnéemotive im Zusammenhang mit Initialen auf, werden die Buchstabenkörper (Lombarden) durch geometrische, vegetabile oder auch zoomorphe Aussparungen geteilt, wobei auch hier in der Regel blaue und rote Farbflächen voneinander geschieden werden.

In der Verteilung der Fleuronnéemotive unterscheidet man das vom Buchstabenkörper umschlossene Binnenfleuronnée, an diesen angesetzte Besatzformen sowie die in die Blattränder und Interkolumnien ausstrahlenden Ausläufer. Charakterisiert werden die Fleuronnéeinitialen außerdem durch ihr Verhältnis zum Schriftblock: Aus diesem sind jeweils rechteckige Bereiche ausgespart, sodass der Zeichner die Initialen innerhalb dieser Flächen relativ frei entwickeln konnte. Man kann davon ausgehen, dass die arbeitsteilige Buchproduktion in der Zeit der Gotik dieses System, das im Gegensatz zur Romanik keiner exakten Abstimmung zwischen Schreiber und Maler bedarf, gefördert hat.

* * *

Die Ausstattung zu Beginn des Eisenbuches, betroffen sind nur die Blätter 1–3 der dritten Lage und die Blätter 4r–6v der vierten Lage (Blatt 4–9), folgt nun diesem beschriebenen Dekorationstypus. Grundsätzlich lässt die Ausstattung eine klare Zuordnung der Schmuckformen und eine Hierarchisierung der einzelnen Textabschnitte erkennen: Die Rubrizierung des Textes bedient sich der durch rote Strichelungen hervorgehobenen Satzanfänge. Die einzelnen Textabschnitte werden durch zwei- bis dreizeilige Fleuronnéelombarden eingeleitet, die einen ungespaltenen, kompakten Buchstabenkörper in Rot oder Blau aufweisen und mit einfachen Fleuronnéeformen in der jeweiligen Gegenfarbe verziert sind; das Ende der Abschnitte wird durch Paragraphzeichen markiert, die alternierend rot und blau gehalten sind. Im Dekorationsaufwand besonders hervorgehoben wurde der Textbeginn auf fol. 1r (*Abb. 1*) und dessen Fortsetzung auf der Versoseite (fol. 1v; *Abb. 2*). Dieser Abschnitt ist in roter Schrift ausgeführt und mit fünf (fol. 1r) bzw. zwei (fol. 1v) größeren Fleuronnéeinitialen besetzt. Diese Initialen gehören vom Ausstattungsaufwand nun einer höheren Kategorie an als die zwei- bis dreizeiligen Fleuronnéelombarden, da sie nun größer ausgeführt sind (vier- bis achtzeilig) und ein weitaus reicheres Motivrepertoire aufweisen. Charakteristisch für die Betonung dieser beiden Eingangsseiten ist auch, dass nur hier so genannte Zeilenfüllungen auftreten, die die leeren Zeilenabschnitte (Flächen) des Schriftblockes ausfüllen. Bei beiden Eingangsseiten wurden zudem die von den Buchstaben ausgehenden Ausläufer als Fleuronnéestäbe ausgeführt, die den Schriftraum rahmend auf zwei (fol. 1r) bzw. einer (fol. 1v) Seite umgeben.

Die großen Fleuronnéeinitialen der beiden Eingangsseiten zeichnen sich schon durch den aufwändig gestalteten Buchstabenkörper aus. Hier werden nicht nur ausgesparte Zacken-, Bogen-, Treppen- und Blattformen zur rot/blau gehaltenen Teilung herangezogen; auf der ersten Seite finden sich auch im Profil wiedergegebene Drachen, aus deren Rachen Blätter hervorgehen und deren Schwänze in Ranken übergehen oder, mit einem Menschenkopf versehen, dem im Mittelalter so beliebten „Zwischenreich" angehören. Das Fleuronnée, das die Binnenflächen der Buchstabenkörper füllt und die Initialen umgibt, besteht aus Knospen, die frei angeordnet sind, in Medaillons platziert werden oder die vom Buchstabenkörper ausgehenden Spiralen begleiten. Dieses Knospengeflecht ist stets flächenfüllend und dicht verteilt. Akzente setzen, in farblicher und motivischer Hinsicht, Fünfpunktrosetten und dreiteilige Blätter, die an den Abzweigungen Punkte in der Gegenfarbe aufweisen. Eine besondere Besatzform findet sich auf der ersten Seite (*Abb. 1 und 6*); hier sind unterhalb der W-Initiale zwei Medaillons angebracht, die zwei groteske Tiere, einen Vogel und einen Drachen aufnehmen.

Die den Außenkontur begleitenden Besatzformen folgen im Allgemeinen den typenspezifischen Gepflogenheiten und bestehen aus Perlenreihen, betonten Eckmedaillons und Spiralformen. Die ausstrahlenden korkenzieherförmigen Spiralfäden und die Fadenschlaufen werden von Fadenausläufern begleitet, die als auffällige Sonderform mit kleinen Kreisen und x-förmigen Strichelungen versehen sind. Die massiveren Fleuronnéestäbe, die nur bei den beiden Eingangsseiten auftreten, bestehen aus gezahnten Segmenten, die in kleinen Spiralen auslaufen; auf fol. 1r sind sie zusätzlich durch ein markantes Eck- bzw. durch Endmotive akzentuiert.

Die kleineren Initialen der Folgeseiten wiederholen im Wesentlichen die hier beschriebenen Motive, neigen aber noch mehr zu einer flüchtigen Stilisierung und Vereinfachung.

Die Zeilenfüllungen der beiden Eingangsseiten erweitern dagegen das Repertoire um Formen, wie sie für friesartige Elemente typisch sind (Reihen von Vier- und Dreipassblättern, Spiralreihen). Andererseits greifen sie aber auch auf Formen zurück, die sich identisch bei den Fleuronnéeinitialen finden, sodass auch sie dieser Ausstattungsphase, wohl sogar der selben Zeichnerhand zuzuschreiben sind.

Einordnung

Trotz einer unverkennbar geringen Qualität der Ausführung lässt sich die Ausstattung eindeutig einer großen Gruppe von Fleuronnéehandschriften zuschreiben, die etwa im ersten Viertel des 14. Jahrhunderts entstanden ist und mit großer Wahrscheinlichkeit nach Niederösterreich zu lokalisieren ist. Der überwiegende Teil der Denkmäler ist in den Zisterzienserklöstern in Heiligenkreuz und Lilienfeld entstanden. Von dort scheint der Stil nach Neuberg (Steiermark) ausgestrahlt zu sein. In dieser Gruppe finden sich dann auch alle hier angeführten charakteristischen Merkmale, wie die Mischwesen, die im Buchstabenkörper Platz finden, die farblich abgesetzten Fünfpunktrosetten und die Trifolien mit den Punkten an den Blattabzweigungen. Aus der Fülle von Vergleichsbeispielen ist etwa der *Psalterkommentar* aus dem Stift Heiligenkreuz (Cod. 15) anzuführen, der um 1320 zu datieren ist (*Abb. 3, vgl. 4*). Auch für die beiden mit einer Vogel- bzw. Drachendarstellung gefüllten Besatzmedaillons der Anfangsseite des *Eisenbuches* finden sich in der genannten Gruppe schlagende Vergleichsbeispiele, wie etwa der Codex 50 aus Heiligenkreuz belegt (*Abb. 5, vgl. 6*). Lediglich die „disziplinierte" und mehr auf Symmetrie achtende Verteilung des Fleuronnéedekors trennt diese Gruppe von der freieren Rankenorganisation des Florators des Eisenbuches. Am ehesten wird man diese Abweichung aus der geringeren Qualität dieses Zeichners erklären können.

Die erwähnte Handschriftengruppe wurde erstmals von Schmidt[1] und Graf[2] zusammengestellt. Für ihre Datierung und Lokalisierung gibt es, wie oben bereits kurz angesprochen, eine Reihe von Argumenten. Als einer ihrer frühesten Exponenten ist eine 1299 zu datierende Abschrift der *Moralitates de naturis animalium* des Heinrich von Schüttenhofen[3] anzuführen. Obwohl einige der im *Eisenbuch* als charakteristisch erkannten Merkmale (etwa die umpunkteten Trifolien) auch hier schon auftreten sind die Verbindungen zum *Großen Wiener Stadtbuch* hier noch eher lose. Enger ist die Verbindung dann zu einem nach 1304 entstandenen Klosterneuburger Codex 360, der die *Summa confessorum* des Johannes von Freiburg enthält[4] und zu dem wohl aus der Heiligenkreuzer Tochtergründung Neu-

1 Schmidt, Malerschule, 177.
2 Graf, Fleuronnée I, 333 ff.
3 Wien, ÖNB, Cod. 1599; siehe dazu Fingernagel – Roland, Mitteleuropäische Schulen I, Kat.-Nr. 51.
4 Fingernagel – Roland, Mitteleuropäische Schulen I, Fig. 27.

berg stammenden Codex 746, der wegen seiner Datierung in das Jahr 1318 einen wichtigen Anhaltspunkt für die zeitliche Einordnung der Gruppe darstellt.[5]

Schon seit der ersten Beschäftigung mit dieser, durch die rezente Forschung mittlerweile erheblich erweiterten Gruppe[6] wurde ihre Abhängigkeit von der oberrheinischen Buchmalerei postuliert. Weitere Neufunde zu dieser Handschriftengruppe durch Hernad[7] bestätigen diese Annahme.

Trotz der zweifelsfrei engen Anbindung der Ausstattung des *Eisenbuches* an die etwa in das erste Viertel des 14. Jahrhunderts zu datierende und nach Niederösterreich zu lokalisierende Handschriftengruppe sei noch auf weitere Parallelen innerhalb der Österreichischen Handschriftenproduktion hingewiesen. Hier ist in erster Linie eine in das zweite Drittel des 14. Jahrhunderts datierte Handschrift der *Praefationes Missae* der Salzburger Universitätsbibliothek anzuführen (Cod. M II 1), die gleichsam alle angeführten „Signaturmotive" der Gruppe aufweist:[8] die Punktrosette, die markant umpunkteten Trifolien sowie die dem Buchstabenkörper bzw. den Medaillons eingeschriebenen Fabelwesen und Tiere, die sich mit dem Rankenwerk verbinden (*Abb. 7, 8*). Insbesondere zu vergleichen ist auch die Platzierung der Punktrosetten im Geflecht des Knospenfleuronnées (*Abb. 9, vgl. 10*).

* * *

Die aus der Einordnung des Fleuronnéeschmucks gewonnene Datierung stimmt mit der inhaltlichen Analyse überein bzw. ist weiter zu präzisieren. Ausschlaggebend ist die zeitliche Festlegung des Stückes zu Beginn der Handschrift (fol. Ir–Iv), das auf den 21. Jänner 1320 datiert ist.[9] Demnach ergibt sich auch für den Buchschmuck ein *terminus post quem* von 1320, der aufgrund der oben angeführten Vergleiche nicht allzu weit auszulegen ist und auf „bald nach 1320" eingeschränkt werden kann.

5 Beier, Illuminierte Handschriften (im Druck).

6 Fingernagel – Roland, Mitteleuropäische Schulen I, 125 f.; Beier, Illuminierte Handschriften

7 Hernad, Die gotischen Handschriften, Kat.-Nr. 289 [Clm 10107] und 246 [Clm 28843]).

8 Siehe die zusammenfassende Beschreibung von Beatrix Koll mit weiteren Angaben zur Literatur und Abbildungen: http://www.ubs.sbg.ac.at/sosa/handschriften/mII1.htm.

9 König Friedrich, der Schöne, erteilt den Bürgern von Wien auf Bitten der Ratsherrn die Erlaubnis zur Anlage eines Rechtsbuches. Anhang der Ratsmitglieder (inkl. Stadtrichter und Bürgermeister) in diesem Jahr, vgl. dazu Opll, Eisenbuch, 20.

Die übrige Ausstattung

Die trotz der handwerklich durchschnittlichen Ausführungsqualität als anspruchsvoll zu bezeichnende Ausstattung der ersten Blätter des *Eisenbuches* wurde in der Folge nicht mehr weitergeführt. Statt dessen dominiert nun ein einfacherer Initialdekor, der kaum mehr professionellen Buchmalern zuzuschreiben ist.

Fol. 10r–18r: Das Stadtrechtsprivileg Herzog Albrechts II. für Wien (24. Juli 1340)

Eine Fleuronnéelombarde auf fol. 10r schmückt den Beginn des Stadtrechtsprivilegs Herzog Albrechts II. für Wien (fol. 10r–18r).[10] Dieses Stück ist auf den 24. Juli 1340 datiert und ergibt somit für diese unscheinbare Initiale und die übrige bescheidene Ausstattung einen entsprechenden *terminus post quem* von 1340.

Dieser Textabschnitt ist mit Rotschrift und alternierend mit roten und blauen Paragraphzeichen rubriziert. Die einzelnen Textabschnitte sind mit zweizeiligen, alternierend rot und blau ausgeführten Lombarden geschmückt.

Etwas aufwändiger wurde nur die vierzeilige Lombarde zu Beginn dieses Textes (*Abb. 11*) gestaltet. Der Buchstabenkörper wurde hier durch Aussparungen in Form von Treppen, Winkeln und Bögen rot/blau gespalten. Im blauen Initialteil sind zusätzlich Striche, ein Kreuz und eine Dreipunktgruppe ausgespart. Das leer gebliebene „Umfeld“ der Initiale, vor allem die Zwickelfelder zwischen dem äußeren Umriss der Initiale und dem rechts anschließenden Textblock, zeigt, wie sehr hier der ursprünglich wohl vorgesehene Fleuronnéebesatz „fehlt“.

Entscheidend für die Datierung der Ausstattung von fol. 1r–6v ist nun auch die Frage in welchem Verhältnis dieser Ausstattungsteil zu dem jüngeren steht. Die besten Vergleichsmöglichkeiten für eine Beurteilung der Zierlombarde zu Beginn des Textes bietet einmal die größere, linke h-Initiale auf Blatt 1v (siehe *Abb. 2*). Hier findet sich im gebogten Buchstabenteil eine ähnliche, ausgesparte Treppenform, die von zwei „Kopfstempelformen“ begleitet wird. Eine gute Vergleichsmöglichkeit bietet aber auch die W-Initiale zu Beginn des mittelalterlichen „Grundstocks“ des *Eisenbuchs* auf fol. 1r (siehe *Abb. 6*). Übereinstimmungen zwischen beiden ergeben sich prinzipiell in der Gestaltung des Buchstabens W sowie im Formenrepertoire der Aussparungen. Wie bei der Anfangsinitiale wurde auch am Beginn des Stadtrechtsprivilegs Herzog Albrechts II. eine winkelige Aussparung von zwei halbkreisförmigen Bögen flankiert; die ausgesparte Dreipunktblüte im rechten Schrägbalken der Initiale auf fol. 10r hat in einer ähnlichen Form im linken Schrägbalken der Initiale von fol. 1r eine Entsprechung. Die Übereinstimmungen zwischen der Ausstattungskampagne der ersten Seiten (fol. 1r–6v) und des Abschnitts fol. 10r–18r sprechen aber nur auf den ersten Blick für eine gleichzeitige Ausführung. Genauer betrachtet scheint es nämlich viel wahrscheinlicher, dass die Zeichner der beiden Initialgruppen nicht identisch sind

10 Opll, Eisenbuch, 22.

und der zweitere (fol. 10 ff.) nur das Motivrepertoire des ersten aufgreift. Besonders der Vergleich mit der W-Initiale (fol. 1r) macht dies deutlich. Der Zeichner der Initiale auf fol. 10r wiederholt die Buchstabenform und greift, zumindest abschnittsweise, auch die dort vorgetragenen Aussparungsmotive wieder auf. Als Kopist entlarvt ihn schließlich aber das Mittelstück im oberen Initialteil, das er nach dem älteren Vorbild als Zwickel gestaltet; die im älteren Vorbild dort platzierten Kopfstempelformen reduziert er auf ausgefüllte Punkte.

Dieser Befund lässt sich durch den Vergleich der Formen der zwei- bis dreizeiligen Lombarden gut untermauern. Vergleicht man etwa die markanten, für den Buchstaben A verwendeten Formen (*Abb. 12, 13*) mit dem späteren Teil (*Abb. 14*), so zeigen sich auch hier trotz der allgemeinen typenmäßigen Übereinstimmungen wieder markante Abweichungen, vor allem in den tropfenförmigen Verdickungen bei den linken Buchstabenteilen auf fol. 15r, die ganz anders gestaltet werden als im vorangehenden Abschnitt.

Resümierend kann man festhalten, dass der Zeichner der sehr bescheidenen Ausstattung des Abschnittes von Blatt 10r–18r sich wohl am früheren Buchschmuck orientiert und wahrscheinlich sogar unmittelbar zum Vorbild nimmt. Seine Umsetzung dieses „Vorhabens" belegt aber auch, dass er offensichtlich kein routinierter Zeichner ist, sondern die Vorlage mit einem gewissen Unverständnis für die Struktur dieses Ausstattungstypus umsetzt.

Aus inhaltlichen Gründen (das Stück ist auf den 24. Juli 1340 datiert) ergibt sich ein *terminus post quem* von 1340; wie weit er nach hinten zu verlegen ist, ist aufgrund der wenig markanten Formen aus kunsthistorischer Sicht nur schwer zu beurteilen. Der Befund stimmt auch mit der paläographischen Analyse überein.[11]

Fol. 27r–31r: Das Stadtrecht(sprivileg) Herzog Albrechts I. (12. Februar 1296)

Eine Ausstattung mit einer Fleuronnéeinitiale wurde auch dem Stadtrecht(sprivileg) Herzog Albrechts I. (fol. 27r–31r)[12] zugedacht. Rubriziert wurde dieser Abschnitt mit roten Strichelungen bei Satzanfängen und mit einzeiligen, alternierend rot und blau gehaltenen Satzmajuskeln (Lombarden).

Die siebenzeilige Fleuronnéeinitiale (Buchstabe W) auf fol. 27r (*Abb. 15*) ist in Rot und Blau ausgeführt. Der Buchstabenkörper ist im oberen Abschnitt der vier schrägen Balken durch dreispitzige Zackenformen geteilt. Das Binnenfleuronnée besteht durchwegs aus Knospen, die zu einem Teil in Medaillons eingeschrieben sind. Das Besatzfleuronnée wurde in eine Rechteckform eingeschrieben; an der linken unteren Ecke wurde ein Fleuronnéestab angesetzt, der aus roten und blauen Segmenten besteht und sich bis zum unteren Blattrand erstreckt, wo er in einer horiozontal verlaufenden Fadenschlaufe ausläuft, die auf den unteren Blattrand übergreift.

[11] Dazu siehe die Ausführungen von Haidinger, S. 11 ff.

[12] Opll, Eisenbuch, 19 f.

Vom kunsthistorischen Standpunkt aus gesehen, ist eine auf Motiv- bzw. Stilvergleichen beruhende Einordnung wenig Erfolg versprechend; die Formen sind wenig aussagekräftig und lassen nur eine grobe Zuordnung in die zweite Hälfte des 14. Jahrhunderts zu. Während der sich aus der Datierung des Stückes ergebende *terminus post quem* von 1296 hier wenig hilfreich erscheint, liefert die Datierung des vorangegangenen Abschnitts (nach 1340) immerhin einen Anhaltspunkt.

Fol. 33r–33v: Privileg Kaiser Friedrichs (II.) für Wien (April 1237) und folgende Stücke

Auf einige Leerseiten folgt dieses 1237 datierte Stück.[13] Rubriziert wurde dieser Abschnitt mit roten Überschriften, roten Strichelungen, die unregelmäßig eingetragen wurden, und roten, einzeiligen Initialmajuskeln, die auf fol. 33v auch bescheidenen Fleuronnéeschmuck (Fadenausläufer mit Perlenbesatz) aufweist. Markant ist nur die in Rot ausgeführte, lang gezogene I-Initiale zu Beginn des Privilegs, die als Lombarde mit tropfenförmigen Verdickungen gestaltet ist.

Von derselben Hand stammen die Lombarden auf fol. 37r–38r (datiert 1237 April) und 38v–41r (datiert 1278 Juni 24). Der Rubrikator von fol. 33v ist identisch mit dem Rubrikator von fol. 34r–35v. Ein anderer Rubrikator ist auf fol. 37r–38r und 38v–41r tätig. Beide Rubrikatoren sind mit dem Schreiber des jeweiligen Haupttextes ident.[14] Die Rubrizierung variiert nur in der Verwendung von Rot und Blau. Nur auf fol. 38v (*Abb. 16*) ist wieder eine Fleuronnée-Initiale eingetragen. Der blaue, fünfzeilige Buchstabenkörper ist mit rotem Fleuronnée versehen. Knospengarben, Perlen und zwei lang gezogene, gekerbte Blätter bilden die Binnen- und Besatzmotive. Am unteren, äußeren Rand markiert ein Medaillon den Ansatz eines kurzen Fadenausläufers.

Die Datierung der Stücke (das jüngste stammt vom Juni 1278) bringt keinen Gewinn für die zeitliche Ansetzung, da der Stil in das 14. oder 15. Jahrhundert weist. Aufgrund der mangelnden Signifikanz dieser Ausstattung wird man sich auch hier aus kunsthistorischer Sicht mit dem oben gewonnenen zeitlichen Ansatz von *nach 1340* zufrieden geben müssen.

Fol. 42r–43r:

Hinsichtlich der Ausstattung bilden die beiden folgenden Stücke,[15] die in die Jahre 1312 bzw. 1348 datiert sind, eine Einheit. Neben einer einzeiligen Lombarde fallen hier zwei größere Lombarden auf, die von einem Zeichner auf fol. 42r (*Abb. 17*) und 42v (*Abb. 18*) eingetragen wurden. Die dreizeiligen, rot/blauen Initialen sind weitgehend gleich gestaltet und nur durch gebogte Aussparungen im Buchstabenkörper und stilisiert florale Ausläufer an den Abläufen bereichert.

[13] Opll, Eisenbuch, 17.

[14] Freundliche Mitteilung von Alois Haidinger.

[15] Opll, Eisenbuch, 20 und 23.

Bei der Initiale auf fol. 42r hat der Zeichner jedoch offensichtlich vergessen, die Gegenfarbe einzutragen.

Zu der Ausstattungsphase ist wohl auch noch ein drittes Stück dazuzuzählen, das 1369 datiert ist[16] und durch eine dreizeilig rot/blaue Lombarde eingeleitet wird, die diesmal jedoch unverzierte Buchstabenkörper aufweist.

Für die zeitliche Einordnung geben die datierten Stücke (1312, 1348 und 1379) keinen brauchbaren Anhaltspunkt. Die oben gewonnene Ansetzung, *nach 1340* ist auch hier relevant; für eine Präzisierung nach stilistischen Kriterien fehlt auch hier der Ausstattung die Signifikanz.

16 Opll, Eisenbuch, 37.

Abbildungen

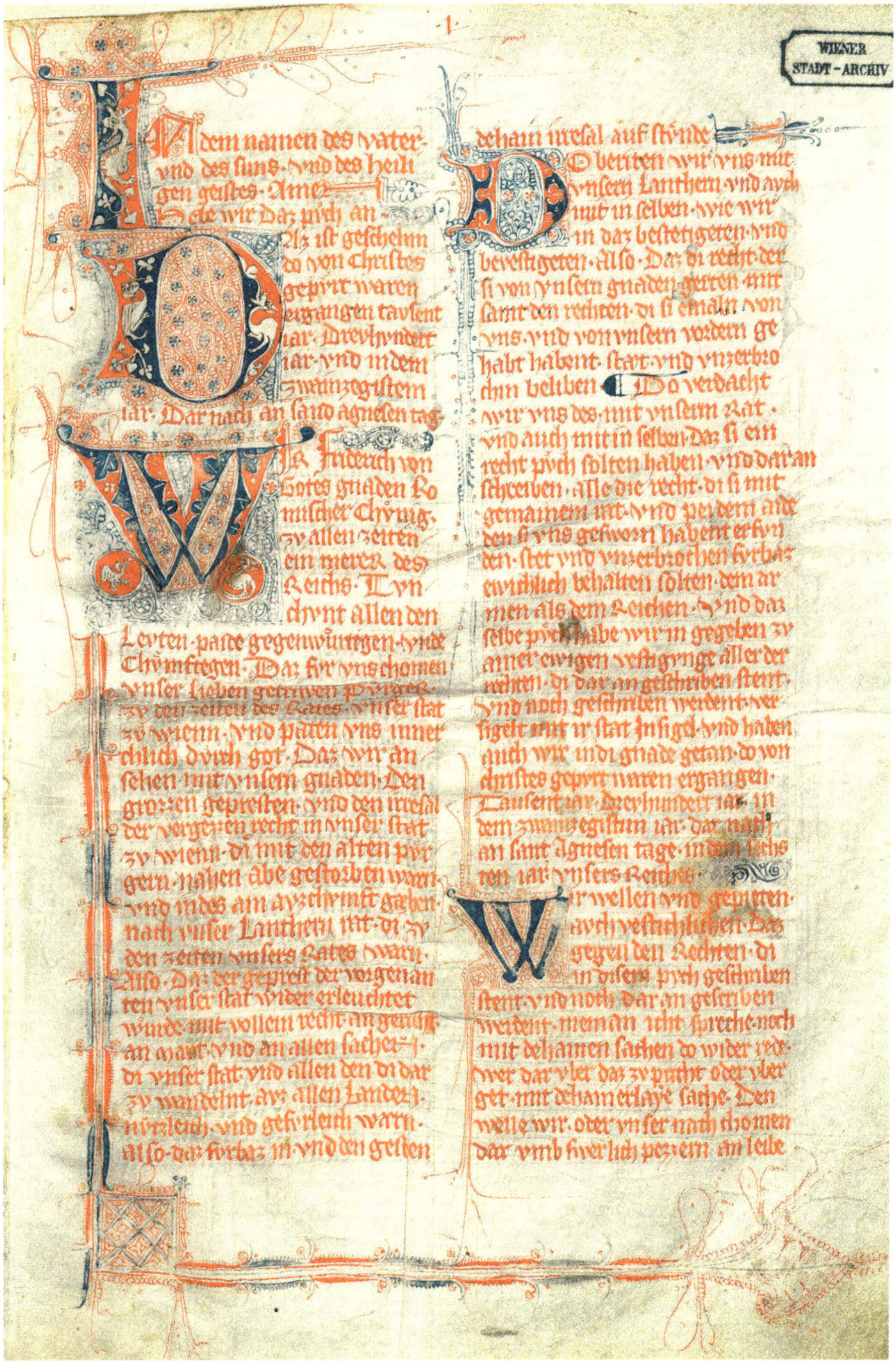

Abb. 1: Eisenbuch, fol. 1r.

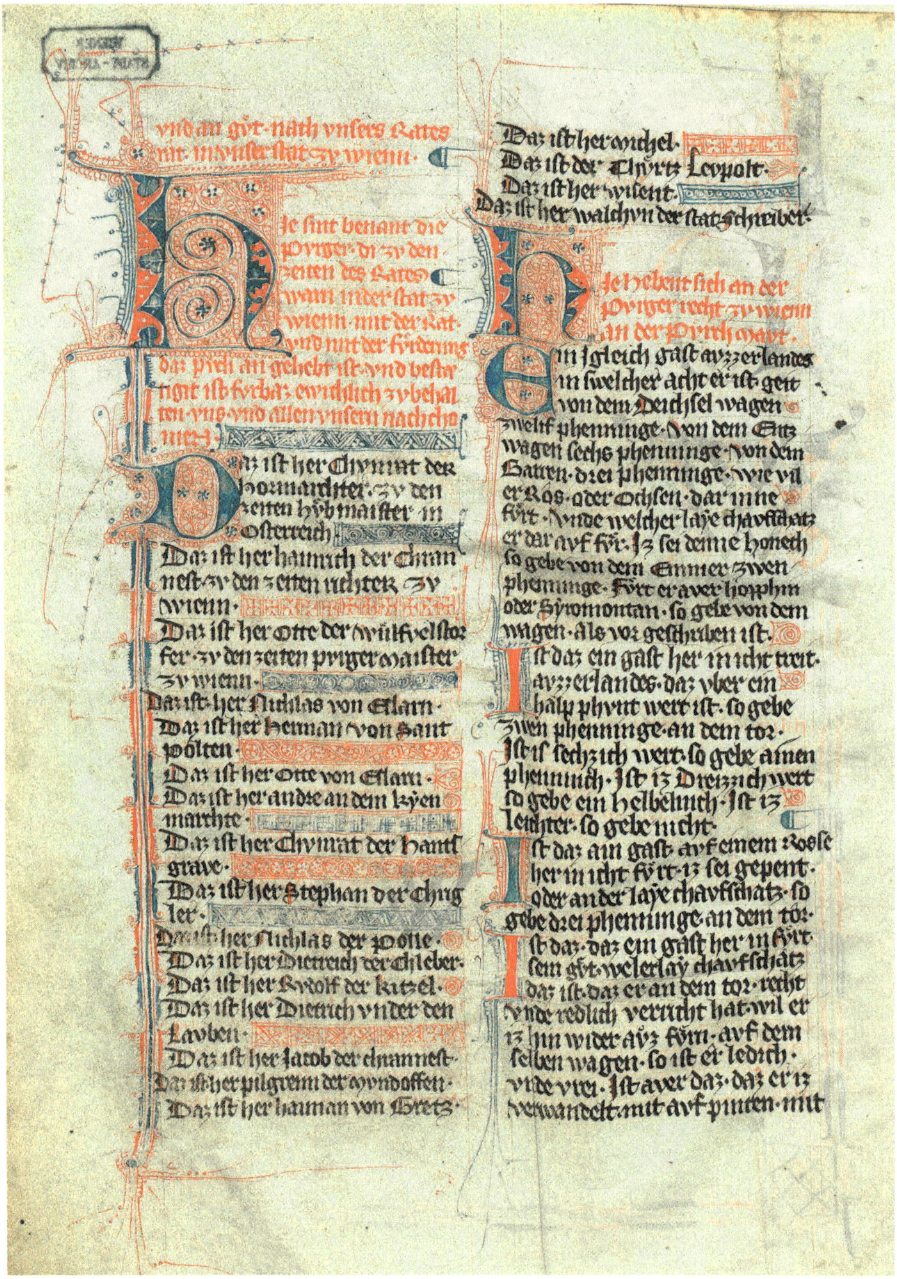
vnd an gůt · nach vnsers Rates
rat · in vnser stat zv wienn ·
Hie sint benant die
purger · di zv den
zeiten des Rates
warn in der stat zv
wienn · mit der Rat
vnd mit der fůdervng
daz půch an gehebt ist · vnd beste
tigt ist fůrbaz ewichlich zv behal
ten · vns · vnd allen vnsern nachcho
men ·
Daz ist her Chvnrat der
hornarchter · zv den
zeiten hůbmaister in
Osterreich
Daz ist her haimrich der chran
nest · zv den zeiten richter zv
wienn ·
Daz ist her Otte der wůlfvelstor
fer · zv den zeiten purger maister
zv wienn ·
Daz ist · her Nichlas von Eslarn ·
Daz ist her Herman von Sant
polten ·
Daz ist her Otte von Eslarn ·
Daz ist her andre an dem kyen
marchte ·
Daz ist her Chvnrat der hantg
grave ·
Daz ist her Stephan der chrig
ler ·
Daz ist her Nichlas der polle ·
Daz ist her Dietreich der chleber ·
Daz ist her Rvdolf der kitzel ·
Daz ist her Dietrich vnder den
Lauben ·
Daz ist her Jacob der chrannest ·
Daz ist her pilgreim der mvndoffen ·
Daz ist her haiman von Gretz ·
Daz ist her michel ·
Daz ist der Chvrtz Levpolt ·
Daz ist her wisent ·
Daz ist her walchvn der statschreiber ·
Hie hebent sich an der
purger recht zv wienn
an der Pruch mavt ·
Ein igleich gast avzzer landes
in swelcher acht er ist · geit
von dem Deichsel wagen
zwelif phenninge · Von dem Eintz
wagen sechs phenninge · Von dem
Karren · drei phenninge · wie vil
er Ros · oder Ochsen · dar inne
fůrt · Vnde welcher laye chavfschatz
er dar avf fůrt · Iz sei denne honech
so gebe von dem Eimmer zwen
phenninge · Fůrt er aver hopphin
oder Syromontan · so gebe von dem
wagen · als vor geschriben ist ·
Ist daz ein gast her in icht treit
avzzer landes · daz vber ein
halp phvnt wert ist · so gebe
zwen phenninge · an dem tor ·
Ist iz sechzich wert · so gebe ainen
phenninch · Ist iz Dreizzich wert
so gebe ein helbelinch · Ist iz
leichter · so gebe nicht ·
Ist daz ain gast avf einem Rosse
her in icht fůrt · iz sei gepent ·
oder ander laye chavfschatz · so
gebe drei phenninge · an dem tor ·
Ist daz · daz ein gast her in fůrt
sein gůt · welerlay chavfschatz
daz ist · daz er an dem tor · recht
vnde redlich verricht hat · wil er
iz hin wider avz fůrn · avf dem
selben wagen · so ist er ledich ·
vnde vrei · Ist aver daz · daz er iz
verwandelt · mit avf pinten · mit

Abb. 2: Eisenbuch, fol. Iv.

Ausschnitt aus Abb. 2: Eisenbuch, fol. Iv (h- und D-Initiale)

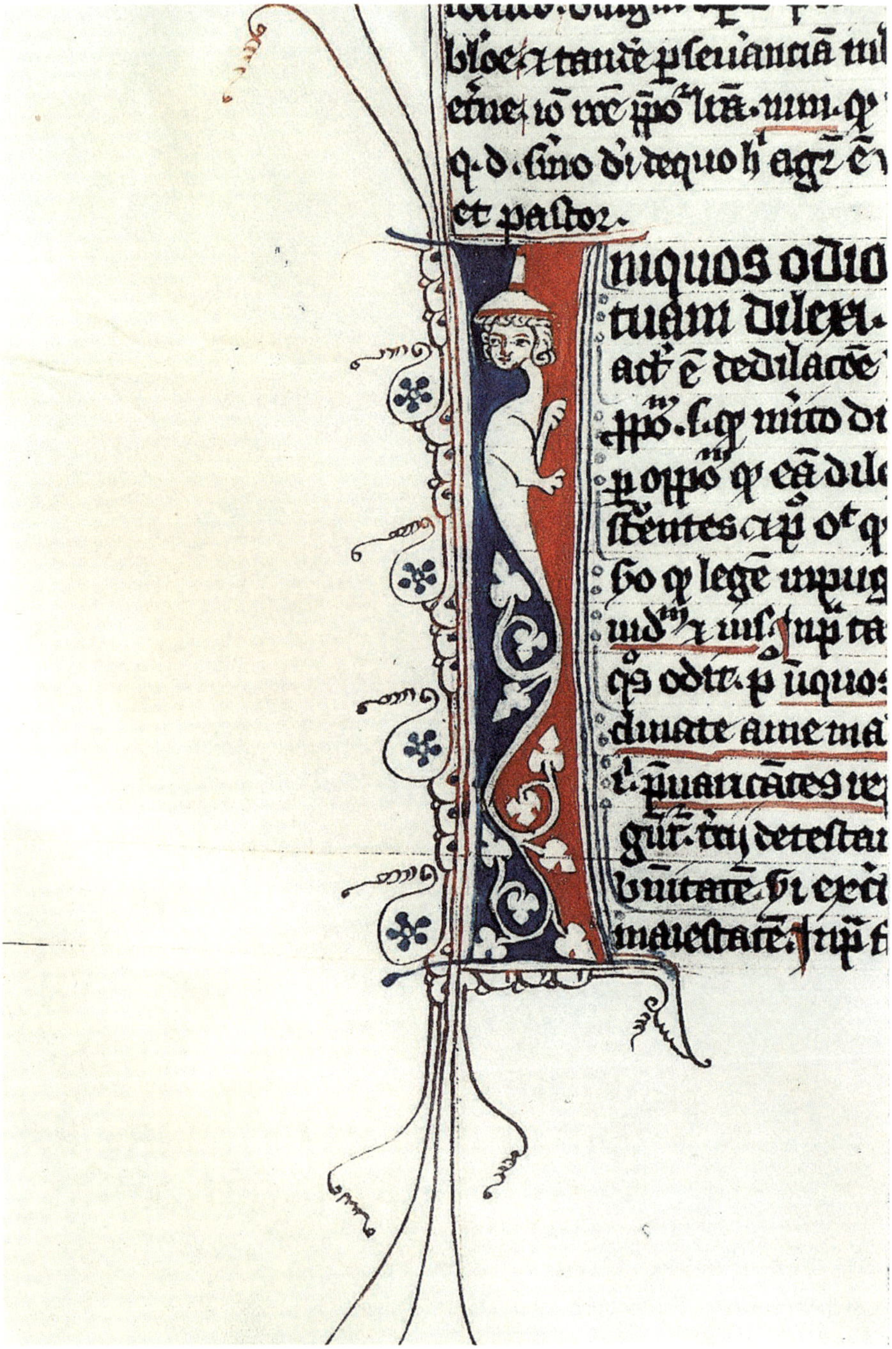

Abb. 3: Stiftsbibliothek Heiligenkreuz, Cod. 15, fol. 231v.

Abb. 4: Eisenbuch, fol. 1r, Ausschnitt mit Initiale I und D.

Abb. 5: Stiftsbibliothek Heiligenkreuz, Cod. 50, fol. 7r.

Abb. 6: Eisenbuch, fol. 1r, Ausschnitt Initiale W.

Abb. 7: Universitätsbibliothek Salzburg, M II I, fol. 22v.

Abb. 8: Universitätsbibliothek Salzburg, M II 1, fol. 31v.

Abb. 9: Universitätsbibliothek Salzburg, M II 1, fol. 2v

Abb. 10: Eisenbuch, fol. 1r, D-Initiale.

Abb. 11: Eisenbuch, fol. 10r.

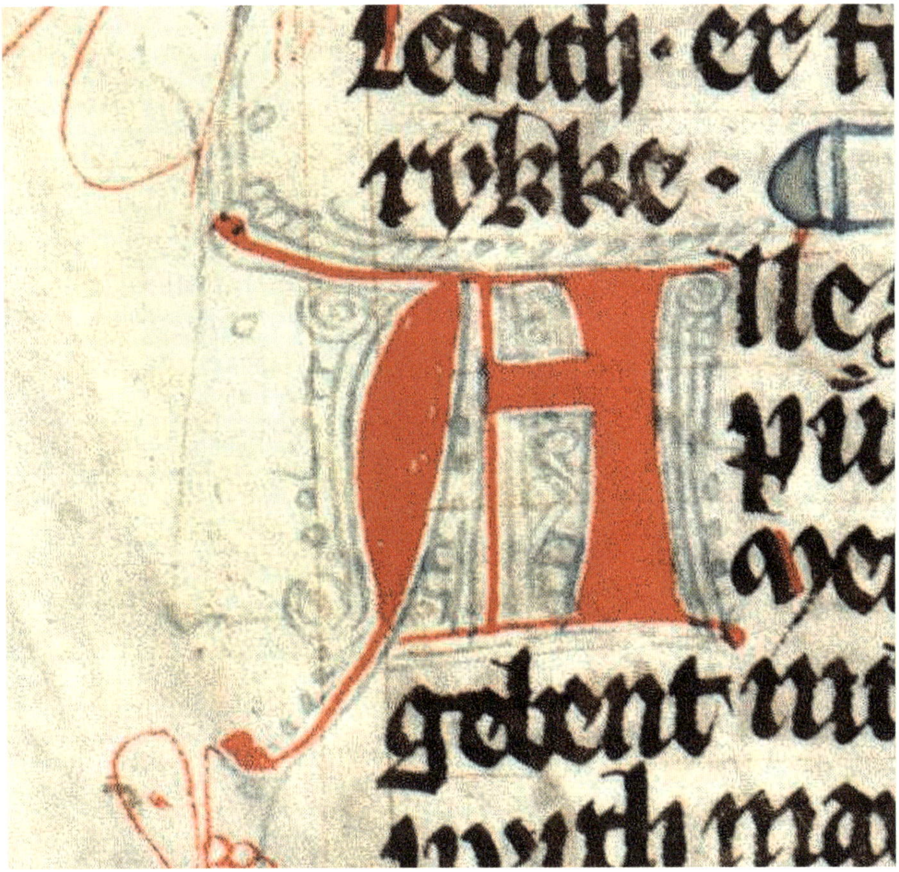

Abb. 12: Eisenbuch, Detail fol. 2v.

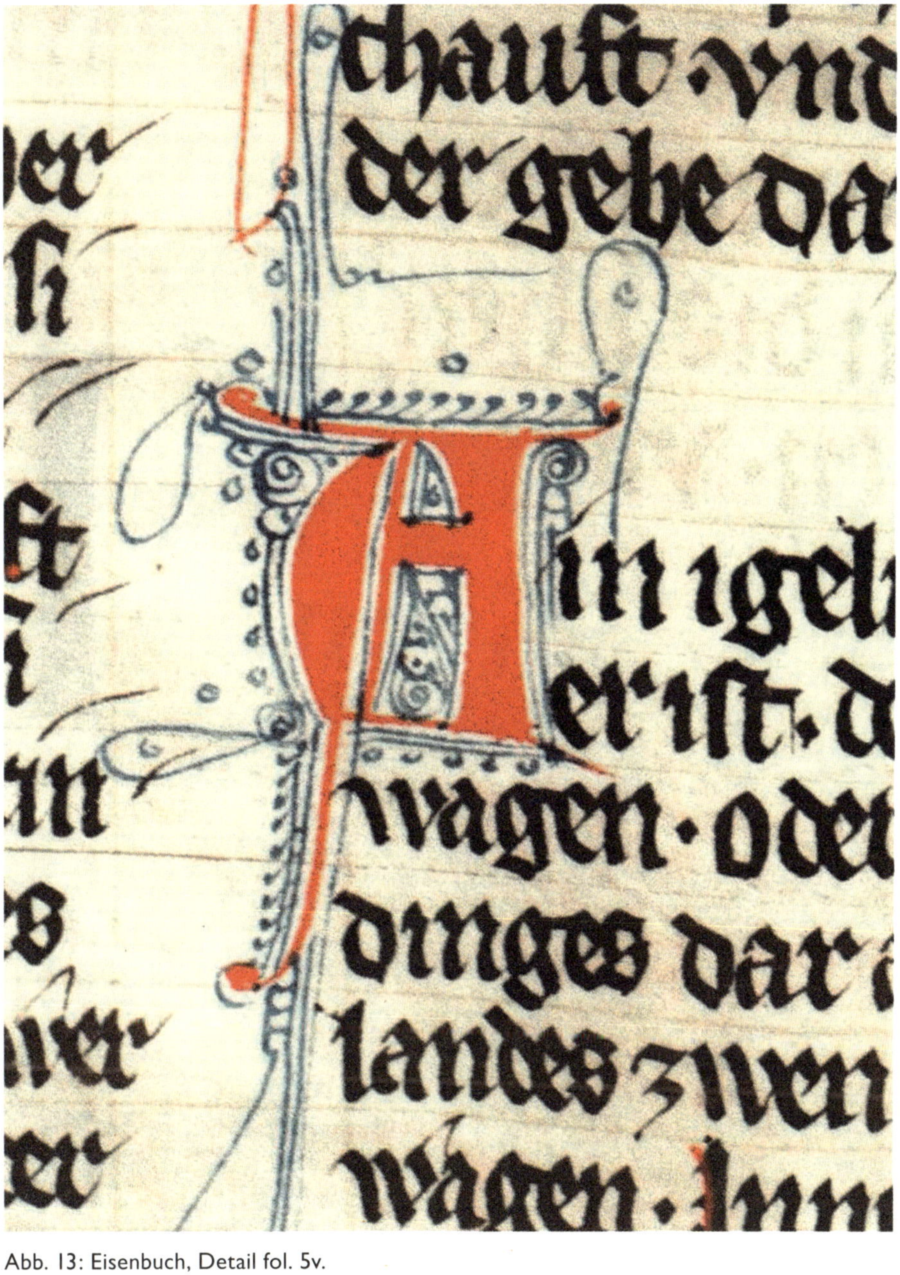

Abb. 13: Eisenbuch, Detail fol. 5v.

Abb. 14: Eisenbuch, Detail fol. 15r.

Abb. 15: Eisenbuch, fol. 27r, Initiale W.

Abb. 16: Eisenbuch, fol. 38v.

Abb. 17: Eisenbuch, fol. 42r.

Abb. 18: Eisenbuch, fol. 42v.

ZUR EINBANDGESCHICHTE DES WIENER EISENBUCHES

Überlegungen bezüglich der Erstellung eines Restaurierungskonzepts

Max Krauss

Bücher ändern ihr Gewand

Historische Bucheinbände überdauern die Jahrhunderte oftmals nur dann in ihrem Originaleinband, wenn sie wenig frequentiert, benutzt und gelesen werden und dennoch über lange Zeit unter konstant guten klimatischen Bedingungen aufbewahrt werden. Die Gefahrenliste, denen Bücher und archivische Objekte in vergangenen Jahrhunderten ausgesetzt waren, aber auch heute noch sind und immer bleiben werden, ist lang und soll hier nicht detailliert ausgeführt werden. So hat sich auch eine der wichtigsten Archivalien des Wiener Stadt- und Landesarchivs, das so genannte *Eisenbuch*, nicht in seinem Originaleinband erhalten. Dennoch hat der Inhalt dieses wichtigsten mittelalterlichen Stadtbuches von Wien den Zeitraum von knapp 600 Jahren völlig unversehrt überstanden und dies, obwohl eine häufige und regelmäßige Benutzung in der Funktion des Buches von Grund auf angelegt war.

In der Regel hatte der Bucheinband, sogar der von sehr aufwändig gestalteten und verzierten Handschriften, nur eine Gebrauchsfunktion. Seine vorrangige Aufgabe war es, den Inhalt zu schützen und eine effiziente Handhabung zu gewährleisten. Konnte der Bucheinband diese Aufgabe nicht mehr erfüllen, z. B. weil die Heftung sich gelockert oder sich die Verbindung zwischen Buchblock und Buchdeckel gelöst hatte, gab es die Möglichkeit, diesen zu reparieren oder einen neuen Einband herzustellen. Die Variante der Neubindung wurde allerdings auch bei intakten Einbänden durchgeführt, wenn dieser als veraltet empfunden wurde und das Erscheinungsbild den ästhetischen Vorstellungen des Besitzers angepasst werden musste.

Zustand des Eisenbuches vor der Restaurierung 2010

Zu Anfang der 1990er Jahre wurde in der damaligen Buchbinderwerkstatt des Wiener Stadt- und Landesarchivs die bereits stark gelockerte Heftung des Buchblocks aufgelöst. Der Buchblock wurde von den Deckeln getrennt und lag seither als loser Lagenverband zwischen den Holzdeckeln, die in Verbindung mit dem Lederrücken eine Buchdecke bildeten *(Abb. 1)*.[1]

Ursprünglich war auch geplant, eine baldige Neubindung vorzunehmen. Diese wurde aber mit der Überlegung, den zerlegten Buchblock für weitere technologische Untersuchungen zu nutzen, wie auch wegen anderer Prioritäten, darunter des Neubaus des WStLA in den Jahren 1999–2001, nicht ausgeführt. Umfangreiche technologische und kodikologische Untersuchungen wurden allerdings erst ab 2007 begonnen und 2010 abgeschlossen.[2]

Der Zustand des in einzelne Lagen zerlegten Pergamentbuchblocks *(S. 91 Abb. 2)*, der zwischen seinen Holzdeckeln aufbewahrt wurde, war der Ausgangspunkt für Überlegungen, den umfangreichen Inhalt der Textseiten zu digitalisieren, kodikologisch und paläographisch zu analysieren, um das Konvolut abschließend einer Gesamtrestaurierung zu unterziehen.

Abb. 1: Eisenbuch Eingangsaufnahme, Innenseite der Deckeln vor Freilegung des darunterliegenden Textfragmentes.

1 Reste der damaligen Heftung, wie Heftfaden oder Heftbünde haben sich nicht erhalten. Auch existieren keine Aufzeichnungen oder Unterlagen bezüglich des Eingriffs.

2 Die Ergebnisse der Untersuchungen sind in der vorliegenden Publikation zusammengefasst.

Abb. 2: Eisenbuch, Buchblock zerlegt, Buchrücken mit Spuren der vorigen Heftungen.

Einbandgeschichte des Wiener Eisenbuches

Das äußere Erscheinungsbild des Wiener *Eisenbuches* hat sich über einen Zeitraum von ca. 600 Jahren in mehreren Schritten verändert, wobei wir heute wissen, dass diese Eingriffe stufenweise unter jeweiliger Berücksichtigung des vorherigen Zustandes vollzogen wurden, stets aber prägende Veränderungen an Einband und Buchblock bewirkten. Ein wesentlicher Eingriff in die Gestaltung des Einbandes fand 1705 statt und prägt das heutige Erscheinungsbild des Buches.[3]

Ferdinand Opll schreibt in seiner inhaltlichen Erschließung[4] von 1999: „Auf eine Restaurierung der Handschrift im frühen 18. Jahrhundert weist das Titelblatt hin. Es heißt dort, dass diese Maßnahmen *(‚... liber iste, qui ob antiquitatem destructus erat, nova compagine accomodabatur')* zu dem Zeitpunkt erfolgt seien, als Josef I. nach dem Tod seines Vaters, Kaiser Leopolds I., den städtischen Rat unter Jakob Daniel Tepser bestätigte. Aus der Zusammenschau all dieser Angaben ergibt sich das Jahr 1705 als Zeitpunkt dieser Restaurierung des Eisenbuches."

Als Titelblatt wird hier Folio b, die zweite Seite des Doppelblattes a/b bezeichnet, welches 1705 als neues erstes Doppelblatt am Buchanfang, zusammen mit weiteren Pergamentlagen am Ende des Buchkonvoluts, dem mittelalterlichen Buchblock hinzugefügt wurde.[5] Eine genaue Auflistung und Erläuterung der Eingriffe von 1705 erfolgt im anschließenden Kapitel.

3 Bezeichnung und Darstellung der Buchdeckel und Metallbeschläge siehe Kodikologische Beschreibung, S. 10.

4 Opll, Eisenbuch, 8.

5 Siehe Lagenprotokoll S. 110ff.

Etwa 200 Jahre nach der Neubindung von 1705 wurde der Buchrücken nochmals erneuert. Diese Einfügung des neuen Lederrückens geschah frühestens zu Ende des 19. Jahrhunderts und stellte wiederum eine markante Veränderung des Einbandes von 1705 dar *(Abb. 3)*.

Abb. 3: Eisenbuch, Lederrücken des späten 19. Jahrhunderts mit aufgesetzten Bünden.

Je weiter wir in der Betrachtung der Einbandzustände zurückblicken, desto größer wird der Katalog ungelöster Fragen und somit auch die Möglichkeit, Hypothesen und Spekulationen aufzustellen.

Ungeklärt ist auch weiterhin die Frage, wann der Buchblock zum ersten Mal gebunden wurde. Das umfangreiche Buchkonvolut von 172 Doppelblättern aus Pergament, welches bald nach der Zusammenstellung einheitlich liniiert wurde,[6] weist darauf hin, dass eine baldige Bindung von Anfang an geplant und wohl auch durchgeführt wurde. Wäre die Erstbindung wesentlich später erfolgt, wäre die Handhabung von 43 ungebundenen Lagen über einen längeren Zeitraum eher umständlich; auch bestünde laufend die Gefahr, dass Teile hiervon verloren gehen könnten.

Eine Recherche in den städtischen Oberkammeramtsrechnungen des 15. Jahrhunderts hat einen Vermerk aus dem Jahr 1487 zu Tage gebracht.[7] Hierin werden genaue Materialangaben zur Neubindung eines wertvollen Rechtsbuches aufgelistet. Es sei hier versucht, diese in eine heute verständliche Handwerkssprache zu übertragen:

[6] Vergleiche Haidinger, S. 11 und 24 Anm. 72.

[7] Zu verdanken ist das Karl Fischer, siehe dessen Ausführungen auf S. 134 ff.

Auflistung von 1487 mit Mengenangabe	**Kosten**	**Heutige Materialbezeichnung**
11 heut pergamen	aine per 36 (dn)	Pergamentfell, vermutlich für Vorsatz und (oder) Erweiterung des Buchblocks
riem capital	3 dn	Heftbünde
snüer	2 ½ dn	Heftschnüre (Kordel)
pretter	10 dn	Holzdeckel
leimb	2 dn	Leim (Knochen oder Hautleim)
seiden	10 dn	Seide, eventuell zum Stechen eines färbigen Kapitalbandes
1 vel	36 (dn)	Leder zum Beziehen der Holzdeckel
varib	2 dn	*Evetuell Farbe von varwe od. var (farbig), zum Färben des Leders*
1 capert	11 dn	*Eventuell ein Lederumschlag als Schutzhülle für das fertige Buch (Kopert)*
clausur mitsambt den spangen	36 (dn)	Buchschließen (Haken und Ösenteile)
pukln	15 (dn)	Buckel oder Buchbuckel

Die Reihenfolge der Auflistung spiegelt auch die Abfolge der einzelnen Arbeitsschritte wider. Drei Belege lassen uns vermuten, dass es sich hierbei um das *Eisenbuch* handelt: Das Buch wird als *stat hantfest*, also als städtisches Urkundendokument bezeichnet. Weiters ist das neu zu bindende Konvolut bereits ein *puech,* was den Umstand eines vorherigen Einbandzustandes voraussetzt, der uns ins 14. Jahrhundert verweist. Nähere Angaben liegen darüber aber nicht vor. Somit ist ein Einband aus dem 14. Jahrhundert zwar belegt, wir können aber über seine Ausstattung keine weiteren Aussagen machen. Die Rechnungsauflistung von 1487 wird abgeschlossen mit einer Angabe über die Verpflegungskosten im Rathaus, *wann man im das puech nit wellen lassen haimtragen.* Das Buch hat, wohl aufgrund der bereits bestehenden Eintragungen, eine Bedeutung und Wertigkeit, die es verbietet, dass es das Rathaus verlässt. Ein zusätzlicher Hinweis ist auch die abschließende Bemerkung in dem Regest von 1896 – *bezieht sich auf das Eisenbuch.* Die folgenden Überlegungen gehen davon aus, dass sich die Rechnungsangaben von 1487 auf die Neubindung des *Eisenbuches* beziehen.

Die Ausführungen von Karl Fischer[8] legen nahe, dass die Benennungen *Eysnen Statbuch* und *Eysneinbuch* von 1494 nicht bedeutungsgleich sind mit der aus dem 18. Jahrhundert bis heute verwendeten Bezeichnung *Eisenbuch.* Es könnte

[8] Hier im Buch bei Fischer, S. 133 ff.

sich über die Jahrhunderte gewissermaßen ein Bedeutungswandel vollzogen haben, wobei zum einen die unverrückbare Gültigkeit der im großen Stadtbuch verzeichneten Verordnungen und Privilegien, zum anderen ein Reflex auf die äußere Ausstattung anklingt.

Die umfangreichen Metallbeschläge, bestehend aus Eckstücken und Kantenbeschlägen, welche uns heute die Bezeichnung *Eisenbuch* einleuchtend und nachvollziehbar erscheinen lassen, stammen aufgrund ihrer Gravuren und Ziselierungen[9] aus dem frühen 14. Jahrhundert. Dass sie der Ausstattung des 1487 als *puech* bezeichneten vorherigen Zustandes zuzuordnen sind, galt bisher als gesichert. Dies kann aber bei näherer Betrachtung durch keine Hinweise oder Indizien belegt werden. Gesichert ist nur, dass die Metallbeschläge bei der Neubindung von 1705 auf die uns überlieferten Holzdeckel angebracht wurden und wesentlich zur Bezeichnung als *Eisenbuch* beigetragen haben.[10] Als letzter Hinweis für die durchaus widersprüchliche Sachlage in der Zuordung und Beurteilung der Eckstücke seien die doppelten Bohrlöcher in den drei freiliegende Eckbeschlägen des Hinterdeckels genannt.[11] Diese weisen auf eine zumindest zweifache, zeitlich versetzte Ausstattung mit Buckeln zum Schutze eines Bucheinbandes hin,[12] und lassen vermuten, dass diese unterschiedlich groß waren. Sollten die Eckstücke und die kleinere Buckelausstattung wirklich zur Erstausstattung des Einbandes des 14. Jahrhunderts gehört haben, steht dies im Widerspruch zur Anschaffung neuer Buckel im Jahre 1487. Die vorhandenen Buckel wären sicherlich wiederverwendet worden. Der Umkehrschluss ist allerdings gravierend und lässt annehmen, dass weder die Eckstücke noch die Bestückung mit kleineren Buckeln zur Erstausstattung des 14. Jahrhunderts gehört haben.

Als gesichert lässt sich jedenfalls festhalten, dass die 1705 verwendeten Holzdeckel aus Buchenholz sind[13] und die Reste einer mittelalterlichen Bundverankerung in den gelenkseitigen Kanten aufweisen *(Seite 95 Abb. 4)*. Die Holzdeckel entstammen dem Einband von 1487 und zeigen Spuren einer Heftung auf sieben geschlitzte Lederriemchen.[14] Die Abstände der Bundreste entsprechen den Einstichlöchern im mittelalterlichen Teil des Buchblocks. Ob die überlieferten Buckel mit den Buckeln der Abrechnungsliste von 1487 identisch sind,

9 Siehe genauere Ausführungen bei FINGERNAGEL – KIRCHWEGER, S. 35 ff.

10 Indizien, dass die Eckstücke und besonders die Kantenbeschläge nicht zur Erstausstattung gehört haben siehe BREU, S. 115 ff. Vergleichsbeispiele von Eckstücken des 14. und 15. Jahrhunderts an Büchern zeigen charakteristische Unterschiede zu den Eckstücken des *Eisenbuches*. Siehe Ausführungen von FINGERNAGEL – KIRCHWEGER, S. 39 ff.

11 Ein loser Buckel ist mittlerweile rückmontiert, die beiden noch fehlenden Buckel am Hinterdeckel sind verloren gegangen. Nähere Angaben über die metallrestauratorischen Eingriffe siehe BREU, S. 121 ff.

12 Über die Widersprüchlichkeit, vollflächig gravierte Eckstücke mit Buckeln abzudecken, siehe FINGERNAGEL – KIRCHWEGER, S. 35 und 40 ff.

13 Ein kleines Freilegungsfeld an der Innenseite des Hinterdeckels zeigt die charakteristische Maserung von Buchenholz.

14 Siehe Abbildung der Röntgenaufnahme im Kapitel: *Naturwissenschaftliche Untersuchungen*, S. 108 f.

bleibt aus stilistischen Gründen fraglich.[15] Die Innenseiten der Holzdeckel weisen allerdings nur Vertiefungen *einer* Buckelverankerung auf, die dann sowohl für die Verankerung von 1487, wie für die von 1705 verwendet worden wären.

Abb. 4: Eisenbuch, Reste der mittelalterlichen Heftbünde, darüber das abgeschnittene Bezugsleder von 1705.

J. A. Szirmai[16] analysiert und beschreibt anhand von langjährigen Forschungen und Beobachtungen an Originalbucheinbänden unter anderem die Unterschiede romanischer zu gotischen mittelalterlichen Bucheinbänden, also die Veränderung in Technik und Erscheinungsbild vom 14. zum 15. Jahrhundert. Neben der Art der Bundverpflockung in den Holzdeckeln ist auch die Facettierung der Kanten der Holzdeckel ein Unterscheidungskriterium, wobei vereinfacht gesagt werden kann, dass im Laufe der Jahrzehnte eine Verfeinerung in der Bearbeitung der Buchkanten stattfand. So sind die Kanten späterer Bindungen eher facettiert, um die Dicke der Holzdeckel ihrem optischen Eindruck nach zu reduzieren. Die gelenkseitige Kanten späterer Einbände sind mehrheitlich abgerundet, um so die Rundung des Buchblocks aufzunehmen und einen gleichmäßigeren Linienverlauf zu erzielen.

Die Kanten der Holzdeckel des *Eisenbuches* weisen diese Facettierungen jedoch nicht auf. Die Datierung basiert ausschließlich auf der Zuordnung zur Rechnungsliste von 1487, nicht auf stilistischen Kriterien.

Die angesprochene Dominanz der umlaufenden Eck- und Kantenbeschläge, besonders in Relation zu Vergleichseinbänden der betreffenden Zeit, wirft die Frage nach der Funktionalität auf.[17] Alle Vergleichsbeispiele begnügen sich mit jeweils vier Eckstücken zum Schutz je eines Buchdeckels. Auffallend ist auch,

15 Stilistische Zweifel äußern sowohl Fingernagel – Kirchweger, wie Breu in ihren Ausführungen.

16 Siehe Szirmai, Archaeology, 153 und 223.

17 Die diversen Einbandvarianten des *Eisenbuches* waren immer Gebrauchseinbände, auch wenn der besonders umfangreiche Messingbeschlag für heutige Betrachter die Vorstellung eines Einbandes für Repräsentationszwecke hervorruft. Eckstücke, Kantenstücke und Buckeln sollten zuerst den Einband schützen, dieser wiederum den eigentlichen Buchinhalt.

dass jene Vergleichsexemplare integrierte Buckel und eine durchbrochen figürliche Formgebung aufweisen *(S. 99 Abb. 5 und 6)*.[18]

Die Vorstellung, dass ein besonders schweres Buch, welches das *Eisenbuch* fraglos ist, auch auf die Gewichtung des Inhalts rückschließen lässt, scheint uns heute naheliegend.[19] Dass sich die Bezeichnungen *Eysnen Statbuch* und *Eysneinbuch* von 1494 in ihrer Bedeutung inhaltlich verschieben zum heutigen Verständnis des Begriffes *Eisenbuch,* werden durch die detaillierten Ausführungen von Karl Fischer nahegelegt. Der dynamische Prozess, der sich in der Bedeutungsverschiebung ausdrückt, geschieht gewissermassen auch sichtbar durch die Veränderung in der äußeren Ausstattung des Buches.

Die Wiederverwendung mittelalterlicher Buchbeschläge bei barocken Neubindungen stellt sichtlich eine Ausnahme dar. Die Aufstellung von Büchern in Saalbibliotheken machte diese überflüssig, da Metallbeschläge nun ein Gefahrenpotenzial für die nebenstehenden Einbände bildeten. Die Wiederanbringung der Metallbeschläge am *Eisenbuch* 1705 lässt den Rückschluss zu, dass dieses weiterhin liegend aufbewahrt wurde. Es unterstreicht auch äußerlich seine Einzelstellungsmerkmale und belegt die Bedeutung und den Status eines für die Stadt Wien singulären Rechtsbuches. Die Erweiterung des Buchblocks um zehn Doppelblätter zeigt nachdrücklich die Absicht, die Funktion des *Eisenbuches* für weitere Generationen aufrecht zu erhalten. Die letzte Eintragung erfolgte, wie erwähnt, 1819.

Ende des 19. Jahrhunderts[20] wird die bis zur Restaurierung 2010 vorhandene Rückenkonstruktion des Einbandes eingefügt, wobei erstmals ein hohler Rücken mit sechs so genannten „falschen" Bünden verwendet wurde *(S. 52 Abb. 3 und S. 100 Abb. 7)*. Dass dieser gravierende Eingriff mit langem zeitlichen Abstand zur letzten Eintragung im Buchblock von 1819 erfolgte, hinterlässt einen Erklärungsbedarf, da das Eisenbuch im 19. Jahrhundert gewissermaßen ein museales Objekt geworden war, dessen inhaltliche Weiterführung abgeschlossen war. Festzuhalten ist, dass die 1705 erfolgte Neuheftung auf sechs Hanfbünde mit zwei Einstichlöchern anlässlich der Rückenreparatur nicht verändert wurde. Der Charakter der Heftstichlöcher belegt, dass keine Neuheftung stattgefunden hat.[21] Es bleibt zu vermuten, dass der Lederrücken, der in der Bindung von 1705 noch Teil des Gesamtlederbezuges war, also gemeinsam mit dem Bezugsleder der Holzdeckeln aus einem Stück gefertigt war, stark beschädigt war und man deshalb diesen erneuten Eingriff vollzog.

Vermutlich hatte die feste Verleimung des Rückenleders mit dem Pergamentbuchblock, wie dies zu Beginn des 18. Jahrhunderts noch die Regel war, dazu

18 Siehe dazu bei Fingernagel – Kirchweger, hier S. 40 ff.

19 Siehe dazu im Beitrag von Fischer, S. 133 ff.

20 Ein genauerer Zeitpunkt lässt sich nicht nennen. Die Art der Lederbearbeitung mit diversen Blindlinien auf und zwischen den falschen Bünden lässt auf einen Zeitraum Ende des 19. Jahrhunderts schließen, die Verwendung von Graupappe als mehrschichtige Rückeneinlage weist eventuell auch ins 20. Jahrhundert.

21 Siehe dazu den Restaurierungsbericht im WStLA, Protokoll aller Lageneinstiche.

geführt, dass der Lederrücken bei häufiger Benutzung gebrochen war. Die neue Rückenkonstruktion führte durch das Absetzen der Deckeln vom Buchrücken zur Entstehung eines erweiterten Gelenkbereichs *(S. 100 Abb. 7)*. Gemeinsam mit dem hohlen Rücken bewirkte dies ein wesentlich verbessertes „Aufmachverhalten" der mittelalterlichen Handschrift. Allerdings hat diese Konstruktion nichts mehr gemein mit einem mittelalterlichen Bucheinband. Anzumerken ist hierbei, dass jede Veränderung am Einband zu einer weiteren Abkehr von einer ursprünglich mittelalterlichen Einbandtechnik führte.[22]

Nach Abtrennung des Rückenleders Ende des 19. Jahrhunderts wurde die Einfassung der nunmehr freiliegenden gelenkseitigen Kanten der Holzdeckel auf zwei unterschiedliche Weisen ausgeführt: Am Vorderdeckel wurde der Lederbezug unmittelbar an der Kante der umgreifenden Metallbeschläge abgeschnitten und mit einem Lederstreifen in Art des neuen Rückenleders eingefasst. Beim Anheben dieses Lederstreifens kommt, wie oben erwähnt, neben der Schnittlinie, welche das vorherige Rückenleder abtrennte auch die mittelalterliche Bundverpflockung der Heftung auf sieben geschlitzte Lederriemchen zum Vorschein *(S. 95 Abb. 4)*. Das Vorhandensein von Resten der Bundverpflockung in den Deckeln weist auch ohne die Durchführung dendrochronologischer Untersuchungen[23] darauf hin, dass die Holzdeckel dem mittelalterlichen Einband von 1487 entstammen.

Zur Einfassung der zweiten gelenksseitigen Kante des Hinterdeckels wurde das Rückenleder von 1705 weiter am Rücken abgeschnitten, sodass das Leder für den Einschlag verwendet werden konnte. Die Deckel wurden nach Anbringung des neuen Rückens mit dem überstehenden Rückenleder verbunden, in Form so genannter „aufgesetzter Deckel". Diese Art der Deckelfixierung ist ausgesprochen unüblich, besonders am Ende des 19. Jahrhunderts zur Fixierung schwerer Holzdeckel und wird heute eher selten an filigranen, bibliophilen Pappbänden angewandt.

Der einzige Eingriff im 20. Jahrhundert betrifft die bereits erwähnte Auflösung der Heftung von 1705 zu Anfang der 1990er Jahre.

* * *

Zusammenfassend lässt sich feststellen, dass das Wiener *Eisenbuch* ursprünglich einen aus dem 14. Jahrhundert stammenden Einband besaß, der aber nicht näher zu bestimmen ist. 1487 kam es zu einer Neubindung, bei der auch die Holzdeckel erneuert und wahrscheinlich die heute vorhandenen Metallbuckel angebracht wurden. Neben den Bundresten belegen die Einstichlöcher in den

22 Durch die Umsetzung des noch zu erläuternden Restaurierkonzepts werden bei der Neuheftung des Buchblocks wieder mittelalterliche Vorgaben berücksichtigt und rekonstruiert.

23 Die Rücksprache mit einem Dendochronologen ergab den Hinweis, dass eine Untersuchung nur mit gravierenden Eingriffen an Beschlägen und Einbandleder durchzuführen ist und eine weitere Eingrenzung des Zeitraumes der Erstbindung keineswegs gesichert wäre.

Pergamentlagen, dass die mittelalterliche Heftung auf sieben geschlitzte Lederriemchen ausgeführt wurde.[24]

Eine Neubindung des Buchblocks 1705 wurde nur mehr auf sechs Hanfbünde ausgeführt.[25] Es wurden also gewisse technische Vorgaben eines mittelalterlichen Buches ignoriert und die aktuellen barocken bindetechnischen und gestalterischen Normen umgesetzt. Dies bezog sich auch auf die Entfernung je eines beschriebenen Makulaturblattes aus Pergament (vermutlich sogar Doppelblattes, welches mitgeheftet war)[26] an Vorder- und Hinterdeckel, das vor den Eingriffen von 1705 als Innenspiegel und Vorsatz fungierte.[27]

Diese Makulaturblätter müssen 1487 angebracht worden sein, tauchen aber in der Auflistung der Materialkosten nicht auf.

Die Rückenreparatur Ende des 19. Jahrhunderts führte zu einem neuen Erscheinungsbild des Buchrückens. Sowohl bindetechnisch als auch ästhetisch veränderten der hohle Rücken und die aufgesetzten Deckel den Gesamteindruck des vormals „barock-mittelalterlichen" Einbandes[28] *(S. 100 Abb. 8)*. Der bis dato letzte Eingriff, der zur Auflösung der Heftung um 1990 führte, ermöglichte grundlegende naturwissenschaftliche und kodikologische Untersuchungen, welche in dieser Publikation zusammengefasst sind.

Dass der zerlegte Buchblock einer mittelalterlichen Zimelie die verantwortlichen Archivare und Restauratoren nach Möglichkeiten zur Abänderung des provisorischen, langfristig nicht zufriedenstellenden Zustandes suchen lässt, wird im Abschnitt *Überlegungen und Abwägungen bezüglich der Erstellung eines Restaurierungskonzepts* nachvollzogen.[29]

24 Ein Protokoll der Einstichlöcher befindet sich im Restaurierungsbericht, WStLA.

25 Reste der Hanfbünde sind an einer teilweise erhaltenen Falzverstärkung an den Holzdeckeln innen sichtbar und werden als Fragmente zum *Eisenbuch* im WStLA verwahrt.

26 Vergleiche dazu Vorsatz im Minoritennekrolog, WStLA, Hs. A 284/1.

27 Siehe dazu unten S. 108 f. (*Naturwissenschaftliche Untersuchungen – UV-Untersuchung am HD*) sowie in den Beiträgen von Haidinger, S. 22 f., und Opll, S. 160 f.

28 Siehe dazu Vergleichsbeispiele aus Bamberg, wo eine Neubindung von 1611 später nicht mehr verändert wurde.

29 Siehe unten S. 105 ff.

Abb. 5: Staatsbibliothek Bamberg, Msc.Lit.63 (Foto: Gerald Raab), Vergleichseinband des 15. Jahrhunderts.

Abb. 6: Staatsbibliothek Bamberg, RB Msc.169 (Foto: Gerald Raab); Vergleichsbeispiel eines Eckstückes.

Abb. 7: Eisenbuch, neue Rückenkonstruktion mit falschen Bünden, spätes 19. Jahrhundert. Durch das Absetzen der Holzdeckel entsteht ein größerer Gelenksbereich.

Abb. 8: Staatsbibliothek Bamberg, RB Msc 169 HD (Foto: Gerald Raab); Beschläge des 14. Jahrhunderts, Einband von 1611, fester Rücken über sechs Doppelbünden.

Die buchtechnischen und ästhetischen Veränderungen, welche die barocke Neubindung von 1705 bewirkte

Da die umfangreichen Eingriffe von 1705 das heutige Erscheinungsbild des *Eisenbuches* wesentlich geprägt haben und auch bei der Erstellung eines Restaurierkonzepts nachhaltige Berücksichtigung fanden, seien diese nochmals einzeln in chronologischer Abfolge aufgelistet:

1. Die Heftung auf sieben geschlitzte Lederriemchen wird aufgelöst. Heftbünde und Heftfaden werden entfernt.
2. Das als Vorsatz und Spiegel dienende Makulaturblatt aus Pergament wird von den Innenseiten der Deckeln mechanisch getrennt und hinterlässt hierbei in der Leimschicht einen teils vollständigen, spiegelverkehrten Abklatsch des aufkaschierten Textblattes. Je kompakter die Verklebung der beiden Schichten war, desto besser ist nunmehr die Lesbarkeit des Textes. Da dieser Abklatsch im Rahmen der Rückenreparatur des späten 19. Jahrhunderts mit Graupappe in der Art der Rückeneinlage des „neuen" Rückens überklebt wurde, ist der Abklatsch des Textes ursprünglich allerdings kaum sichtbar *(S. 90 Abb. 1 und 103 Abb. 9).*
3. Alle Lagen sind beschnitten worden. Romanische und gotische Holzdeckel haben in der Regel keine Innenkanten, da die Höhe der Deckel der Höhe der Lagen entspricht. Die Lagen des Eisenbuches sind im Vergleich zu ihren Holzdeckeln aber deutlich kleiner, somit lässt sich der Beschnitt von 1705 exakt bemessen.[30] Die dadurch teilweise be- oder angeschnittene Foliierung wird anschließend an darunter liegender Stelle neu hinzugefügt.
4. Erweiterung des Buchblockes durch die Hinzufügung eines Doppelblattes am Anfang, sowie von vier halben Lagen (je zwei Doppelblätter) am Ende des Buches.[31]
5. Die letzte Lage des mittelalterliche Buchblocks (drei Doppelblätter) wird in die zweite Lage eingelegt, womit das Inhaltsverzeichnis, welches im 15. Jahrhundert aus Platzgründen am Ende des Buches weitergeführt wurde, wieder beieinander liegt.[32] Diese eingefügten drei Doppelblätter werden später mit den Buchstaben g–m foliiert. Hieraus ergibt sich allerdings eine sehr unkonventionelle Lagenkonstruktion,[33] welche zweimal hätte geheftet werden müssen, um alle Doppelblätter in der Heftung zu fixieren. Dies geschah aber nicht, sodass das Doppelblatt 1/2[34] nicht in der Heftung von 1705 erfasst ist und nur vorgeklebt wurde.[35] *(S. 103 Abb. 10)*

30 Genaue Erfassung und Darstellung im Restaurierbericht im WStLA.

31 Siehe Lagenprotokoll, unten S. 110 ff.

32 Siehe dazu bei Haidinger, S. 13.

33 Siehe das Lagenprotokoll, unten S. 110 ff.

34 Textbeginn der mittelalterlichen Handschrift. Erster Eintrag, versehen mit Schmuckinitiale.

35 Dies erklärt auch die widersprüchliche Aussage eines Fotos aus den späten 1980er Jahren, aufgenommen in der damaligen Buchbinderwerkstatt des WStLA. Auf dem Arbeitstisch liegt das Eisenbuch, an dessen

6. Neue Heftung auf sechs Hanfbünde mit jeweils zwei Einstichlöchern und neuen Fitzbünden. Die Einstichlöcher in den hinzugefügten Lagen weisen Löcher für ein gestochenes Kapitalband auf.[36] Auch weisen Farbspuren an Kopf und Fuß auf ein Kapitalband aus grünen Fäden hin, von dem aber keine Reste vorhanden sind *(S. 104 Abb. 11)*.
7. Die alten Holzdeckel wurden wieder angebracht und mit neuem Schweinsleder bezogen. Deckel und Rücken wurden aus einem Ledernutzen gefertigt, wobei das Leder am Rücken mit dem Buchblock wieder fest verleimt wurde.[37]
8. Die Oberfläche des neuen Lederbezugs wurde nach Art der Zeit mit Streicheisen, Rollen und Stempeln blind verziert, wobei auch die durch den Beschnitt des Buchblocks neu entstandenen Innenkanten mit Streicheisenlinien strukturiert wurden *(S. 104 Abb. 12)*. Die Rollen- und Stempelmuster auf Vorder- und Hinterdeckel zeigen jedoch nur ornamentale, keine figürlichen Verzierungen.[38]
9. Anbringung der mittelalterlichen Eck- und Kantenbeschläge aus Messing.[39] Ergänzung des fehlenden Kantenbeschlags am unteren Hinterdeckel, wobei versucht wurde, diesen durch Form und Verzierung den alten Beschlägen anzugleichen, er jedoch deutlich unterscheidbar bleibt.[40] Außerdem werden zwei Schließenbänder und ein Paar Dornschließen eingefügt.[41] Innenverbindung von Buchbock und Holzdeckel über einen mitgehefteten Leinenfalz, auf den die Enden der Hanfbünde geklebt sind *(S. 104 Abb. 13)*.
10. Wie die neuen Innenspiegel auf den Holzdeckeln innen ausgesehen haben, ist ungeklärt, da diese im Zuge der Rückenreparatur Ende des 19. Jahrhunderts entfernt und durch eine graue Pappe ersetzt wurden.
11. Eine Patinierung des neuen Lederbezugs und der zuvor gereinigten Metallbeschläge konnte im Zuge der metallrestauratorischen Rückführung des losen Buckels nachgewiesen werden.[42]

Die Rekonstruktion dieser einbandhistorischen Veränderungen am Wiener *Eisenbuch* bildet eine wesentliche Voraussetzung für die Erstellung eines aktuellen Restaurierungskonzeptes.

Buchschnitt erkennbar ist, dass die Heftung noch nicht aufgelöst war. Daneben liegt fol. 1/2, an dem vom Buchbinder des Archivs, Wilhelm Krychl, Reinigungsarbeiten vorgenommen werden (*Abb. 10*).

36 Siehe Heftstichprotokoll im Restaurierbericht.

37 Siehe dazu Vergleichsbeispiele in der Fotodokumentation zur Restaurierung im WStLA.

38 Abbildung im Beitrag Fingernagel – Kirchweger, S. 62 Abb. 10.

39 Zu den unterschiedlichen Nägeln, die zur Fixierung verwendet wurden, siehe Breu, S. 115 ff.

40 Siehe Abbildung der Eckstücke und Kantenbeschläge im Beitrag von Fingernagel –Kirchweger, nach S. 48

41 Zur stilistischen Beurteilung siehe Fingernagel – Kirchweger, S. 35ff., sowie Breu, S. 115 ff.

42 Siehe bei Breu, S. 120.

Abb. 9: Innenseite des HD, nach der Freilegung des Textfragmentes.

Abb. 10: Aufnahme aus der Buchbinderwerkstatt des WStLA, Ende der 1980er Jahre.

Abb. 11: Eisenbuch, Farbspuren eines umstochenen Kapitalbandes am Fuß.

Abb. 12: Vorderdeckel, Innenkanten mit Streicheisenlinien verziert.

Abb. 13: Leinenfalzverstärkung mit Resten der Heftung auf Hanfbünde 1705.

Überlegungen und Abwägungen bezüglich der Erstellung eines Restaurierungskonzepts

Der mehrjährige Diskussionsprozess über die angemessene weitere Vorgangsweise zeigte dem beteiligten Team deutlich, wie zeitgebunden auch restauratorische Überlegungen und Eingriffe sind. Die früher gerne geäußerte Annahme, diese Eingriffe könnten eine endgültige Lösung darstellen, eventuell sogar einen Originalzustand wiederherstellen, ist überholt und war zu keiner Zeit realisierbar.

Restauratorische Eingriffe altern oftmals schneller, als ursprünglich erhofft. Sie haben gewissermaßen eine Halbwertszeit, sowohl was ihre technische Aktualität als auch ihre ästhetische Akzeptanz betrifft. Umso verständlicher ist daher die Forderung, dass die Restaurierungsmaßnahmen reversibel zu gestalten sind, das heißt, dass der Zustand, in dem das Objekt übernommen wurde, durch spätere Rückführung der vorgenommenen Veränderungen wiederhergestellt werden kann, falls dies gewünscht wird. Die Forderung nach Reversibilität stellt gewissermaßen eine maximale Vorgabe dar, der man sich in der Praxis anzunähern versucht, ohne sie immer zur Gänze erfüllen zu können.

Diese Überlegungen lassen eine Reihe von Konservierungs- und Restaurierungskonzepten als möglich, andere, die den Zustand der Einbanddeckel von 1705 rückgängig machen würden, als eher nicht realisierbar erscheinen.[43]

Die zur Diskussion stehenden Restaurierungsvarianten werden im Folgenden aufgelistet:

1. Der Buchblock wird nicht neu geheftet oder gebunden. Die Erschließung des Inhalts ist vollzogen, eine Benutzung findet nur mehr am Digitalisat statt. Buchblock und Buchdeckel werden konservatorisch versorgt, archiviert und stehen fallweise für weitere naturwissenschaftliche Untersuchungen zur Verfügung. Möglich wäre so auch die Verwendung von Teilen, wie Buchdeckel oder einzelnen Seiten für Ausstellungen.
2. Buchblock und Buchdecke bleiben getrennt, allerdings wird der Buchblock in Form eines neutralen Konservierungseinbandes neu gebunden. Eine Benutzung des Inhalts in Buchform ist somit ermöglicht, soll aber nur in wenigen Ausnahmefällen gestattet sein.
3. Wiederherstellung des Zustandes nach der Rückenreparatur des späten 19. Jahrhunderts. Buchblock wird nach der Neuheftung wieder in der vorhandenen Buchdecke verankert und fixiert. Wiederhergestellt wird der Zustand der frühen 1990er Jahre, wobei die Heftvariante von 1705 rekonstruiert wird.

43 Allen weiteren Eingriffen vorausgegangen ist die Anfertigung eines Digitalisats des Inhalts der Handschrift in einer Auflösungsqualität, die den Anforderungen eines Arbeitsexemplars genügen soll. Die Herstellung einer Druckvorlagenqualität war dabei nicht vorgesehen.

4. Neuheftung unter Verwendung der mittelalterlichen Hefttechnik auf sieben geschlitzte Lederriemchen, mit Berücksichtigung konservatorischer Aspekte. Diese bestehen hauptsächlich in der Verwendung eines mitgehefteten Lagenschutzes, sowie der Anfertigung eines hohl gearbeiteten neuen Lederrückens, der aber von seiner optischen Erscheinung den Charakter der mittelalterlichen Heftung widerspiegelt. Die Deckel werden wieder aufgesetzt. Da die Eingriffe des späten 19. Jahrhunderts an den Deckeln nicht reversibel sind, der Lederbezug aus einem Stück von 1705 also nicht wieder hergestellt werden kann, bleiben die Deckel mit ihren Einfassungen der gelenkseitigen Kante im vorgefundenen Zustand erhalten und werden als aufgesetzte Deckel neu appliziert.

Anlässlich der Jahrestagung der Internationalen Arbeitsgemeinschaft der Archiv-, Bibliotheks- und Grafikrestauratoren (IADA) in Wien im September 2007[44] fand auch eine Führung mit anschließender Fachdiskussion im WStLA statt.[45] Innerhalb eines kleinen Kreises von Bibliotheks- und ArchivrestauratorInnen wurde die Fragestellung bezüglich einer Restaurierung des Wiener *Eisenbuches* zur Diskussion gestellt, wobei die Varianten 1, 2 und 4 zu etwa gleichen Teilen vehemente Vertreter fand. Zu unterstreichen ist hierbei, dass die jeweilige Präferenz nur aus einer mehr oder weniger starken Gewichtung grundsätzlich außer Streit stehender fachlicher Einschätzungen und Überzeugungen zustande kam. In der praktischen Umsetzung würden sie aber zu sehr unterschiedlichen Ergebnissen führen.

So bestand von Anfang an Einigkeit darüber, dass jeder Eingriff die langfristige Erhaltung der Handschrift verbessern und garantieren muss. Uneinigkeit herrschte aber schon bei der Frage, ob die sehr schweren metallbeschlagenen Holzdeckel eher einen Schutz oder doch eine Gefahr für die Erhaltung der Handschrift darstellen.

Der Chefrestaurator der Anna-Amalia-Bibliothek Weimar, Matthias Hageböck, hat uns in einem mehrseitigen Schreiben im Anschluss an die Tagung nochmals seine Einschätzungen und Vorschläge detailliert dargelegt.[46] Die hierin geäußerten Gedanken konzentrierten sich auf die Feststellung, dass der sehr gute Erhaltungszustand der gesamten Handschrift wesentlich auch auf die Schutzfunktion, die der Einband erfüllt hat, zurückzuführen ist. Eine Entfernung wäre also aus konservatorischer Sicht nicht nachvollziehbar.

Obwohl die historische Struktur von Inhalt und Einband, über Jahrhunderte subsumiert unter dem Begriff *Eisenbuch*, seit über 15 Jahren aufgelöst ist, sprechen doch gewichtige konservatorische und nicht zuletzt historische Gründe dafür, den Zustand von Inhalt ohne Einband beziehungsweise Einband ohne Inhalt nicht weiter aufrecht zu erhalten.

[44] XI. Congress Vienna, 17.–21. September 2007; zur IADA siehe deren Homepage: http://cool.conservation-us.org/iada/iada_fra.html.

[45] Siehe Papier-Restaurierung, Mitteilungen der IADA Vol. 8 (2007), No. 3, 43–44.

[46] Das dreiseitige Schreiben vom September 2007 wird dem Restaurierungsbericht im WStLA beigelegt.

Nach der grundsätzlichen Entscheidung, dass das Wiener *Eisenbuch* unter Wiederverwendung der historischen Buchdeckel neu gebunden werden soll, ergaben die oben angeführten einbandhistorischen Erkenntnisse wesentliche Einblicke bezüglich der bindetechnischen Konstruktion. Hierbei stellte sich vorrangig die Frage, ob die Heftung von 1705 auf sechs Hanfbünde oder doch der Rückgriff auf die mittelalterliche Heftung auf sieben geschlitzte Lederriemchen ausgeführt werden sollte. Dass die mittelalterliche Heftung aller Wahrscheinlichkeit nach einige Jahrzehnte länger Bestand hatte, als die Heftung von 1705 ist noch kein ausreichender Grund, diese wiederherzustellen. Da sie aber im Vergleich zur barocken Variante die wesentlich stabilere Konstruktion darstellt, hat sich mehrheitlich die Überzeugung gebildet, dass es richtig ist, die ursprüngliche Heftung auf sieben geschlitzte Lederriemchen in der Restaurierung von 2010 zu rekonstruieren.

In diesem Zusammenhang stellt sich aber die Frage, wie der Heftfadenverlauf im Kapitalbereich zu führen ist, konkret ob auch der mitgeheftete Kapitalbund rekonstruiert werden soll. Da der Buchblock 1705 an Kopf und Fuß um je ca. einen Zentimeter beschnitten wurde und die Verpflockung eines Kapitalheftbundes in den Holzdeckeln nicht mehr möglich ist,[47] soll auf eine nochmalige Einfassung oder Umstechung verzichtet werden.

Zusammenfassend ergeben sich folgende Eckpunkte für ein Restaurierungskonzept, welches nach Abschluss der kodikologischen, paläographischen, naturwissenschaftlichen und kunsthistorischen Untersuchungen umgesetzt wurde:

1. Die Wiederherstellung des *Eisenbuches* als gebundener Kodex konzentriert sich auf die Rekonstruktion einer kompakten, stabilen Heftung. Hierzu wird die ursprüngliche mittelalterliche Hefttechnik auf geschlitzte Lederriemchen für die Neuheftung des *Eisenbuches* verwendet. Aus konservatorischen Überlegungen wird ein Lagenschutz, bestehend aus einem festeren Japanpapier mitgeheftet. Der Buchblock kann nach Abschluss der Heftung abgeleimt werden, ohne dass die Pergamentlagen in Kontakt mit der Leimschicht kommen. Somit werden die Anforderungen nach Reversibilität erfüllt.
2. Dem Buchblock wird zu Anfang und Ende je ein neues Vorsatzdoppelblatt aus Kalbspergament hinzugefügt. Ein mit Japanpapier verstärkter Leinenfalz aus besonders strapazierfähigem „Flugzeugleinen" wird daran umgehängt und mitgeheftet. Diese Falzverstärkung bildet neben den aufgeklebten Heftbünden die Verbindung von Buchblock zu den Holzdeckeln.
3. Der mittelalterliche Kapitalheftbund wird nicht rekonstruiert. Die Ausstichlöcher an Kopf und Fuß werden als neue Fitzbünde verwendet.
4. Die neue Heftung *(S. 112 Abb. 16)* bedingt, dass der vorhandene Lederrücken mit sechs aufgesetzten, so genannten falschen Bünden nicht wiederverwendet

[47] Die Beschneidung des Buchblocks 1705 sowie die Einfassung der gelenkseitigen Kante anlässlich der Rückenreparatur zu Ende des 19. Jahrhunderts lassen eine mittelalterliche Kapitalbundrekonstruktion weder technisch noch ästhetisch sinnvoll erscheinen.

wird. Er wird als Fragment archiviert und der Restaurierungsdokumentation im WStLA beigefügt.

5. Als neues Rückenleder wird alaungegerbtes Schweinsleder verwendet, welches farblich dem Lederbezug der Holzdeckel angeglichen wurde. Das Leder wird über die erhabenen Heftbünde geformt, jedoch nicht mit dem Buchrücken verleimt. Somit ergibt sich das Erscheinungsbild von sieben echten Bünden, die aber als hohler Rücken gearbeitet sind und dadurch ein gutes „Aufmachverhalten" ermöglichen.
6. Der neue Lederrücken wird auf die Verlängerungen der Heftbünde geklebt. Der später verklebte Leinenfalz stellt eine zusätzliche Verbindung von Buchblock zu den Holzdeckeln dar (siehe Punkt 8).
7. Die Holzdeckel werden auf das neue Rückenleder aufgesetzt und an der gelenkseitigen Kante verleimt. Diese Konstruktion entspricht im Wesentlichen der Fixierung nach der Rückenreparatur am Ende des 19. Jahrhunderts. Wie weit die Deckel vom Buchblock abgesetzt werden ist abhängig von der Proportionierung der Vorderkante zur vorgegebenen Größe von Kopf- und Fußkante.
8. Das „Hochziehen" und Verkleben des Leinenfalzes stellt die abschließende Verbindung von Buchblock und Buchdeckel *(S. 112 Abb. 17)* her. Ein so genannter „Spiegel" aus Pergament wird an den Kanten der Deckelinnenseiten eingeklebt. Er deckt die Konstruktion im Gelenk und die Einschläge an den Kanten ab. Er kann leicht wieder herausgetrennt werden, womit der Zugang zum darunter liegenden mittelalterlichen Textfragment gewährleistet bleibt.

Naturwissenschaftliche Untersuchungen

Zur Unterstützung der kodikologischen und paläographischen Untersuchungen[48] wurden eine Röntgenuntersuchung der Buchdeckeln und eine detaillierte UV-Analyse des Schriftabklatsches in der Innenseite des Hinterdeckels vorgenommen.

Die Röntgenuntersuchung am farbenchemischen Institut der Akademie der bildenden Künste in Wien hat das Vorhandensein der Reste der Bundverpflockung aus einer anderen Perspektive nochmals bestätigt *(S. 95 Abb. 4)*. Es ließen sich fünf der sieben Bundreste und deren Holzdübelverankerung im Hinterdeckel nachweisen. Die beiden äußeren Heftbundreste, sowie die Kapitalbundverankerung liegen unter den Eckbeschlägen und waren auch in der Röntgenaufnahme nicht zu erkennen.

Die UV-Aufnahmen wurden an der Technischen Universität Wien durchgeführt. Hier war es möglich, durch Vergleich verschiedener UV-Spektren die

[48] Siehe bei Haidinger, S. 11 ff., bei Fingernagel – Kirchweger, S. 45 ff. sowie bei Fingernagel, S. 36 ff.

für die Visualisierung der Textfragmente optimale Variante herauszufinden. Die Oberfläche wurde in neun Teilflächen untergliedert, von denen jeweils eine Digitalaufnahme angefertigt wurde. Diese wurden anschließend zu einer Gesamtaufnahme zusammengefügt (*Abb. 15*).[49]

Abb. 14: Eisenbuch, Röntgenaufnahme, Akademie der bildenden Künste, Wien (Foto: Manfred Schreiner), Hinterdeckel, fünf Heftbundverankerungen sichtbar.

Abb. 15: Eisenbuch, UV-Aufnahme, Technische Universität Wien (Foto: Martin Lettner, Florian Kleber), Gesamtansicht Innenseite des Hinterdeckels (filt011), seitengespiegelt.

49 Zur Identifizierung des Textfragmentes siehe bei Haidinger, S. 22 f.

Kodikologische Untersuchungen

Das Lagenprotokoll

Lage	Folio	Doppel seite	Blatt	Lage	Folio	Doppel seite	Blatt
Vorsatz neu 2010	A–B	1	2				
1	a–b	1	2	26	178–185	4	8
2	c*–e	2	4	27	186–193	4	8
3	f–3	5	10	28	194–201	4	8
4	4–9	3	6	29	202–209	4	8
5	10–17	4	8	30	210–217	4	8
6	18–25	4	8	31	218–225	4	8
7	26–33	4	8	32	226–233	4	8
8	34–41	4	8	33	234–239	3	6
9	42–49	4	8	34	240–247	4	8
10	50–57	4	8	35	248–254	4	8
11	58–65	4	8	36	255–262	4	8
12	66–73	4	8	37	263–270	4	8
13	74–81	4	8	38	271–278	4	8
14	82–89	4	8	39	279–286	4	8
15	90–97	4	8	40	287–294	4	8
16	98–105	4	8	41	295–302	4	8
17	106–113	4	8	42	303–310	4	8
18	114–121	4	8	43	311–317	4	8
19	122–129	4	8	44	317/1–320/3	4	8
20	130–137	4	8	45	321–322	3	6
21	138–145	4	8	46	323–325	2	4
22	146–153	4	8	47	326–329	2	4
23	154–161	4	8	48	330–333	2	4
24	162–169	4	8	49	334–336	1+1/2 letztes Blatt wurde heraus geschnitten	3
25	170–177	4	8	Vorsatz Neu 2010	C–D	1	2

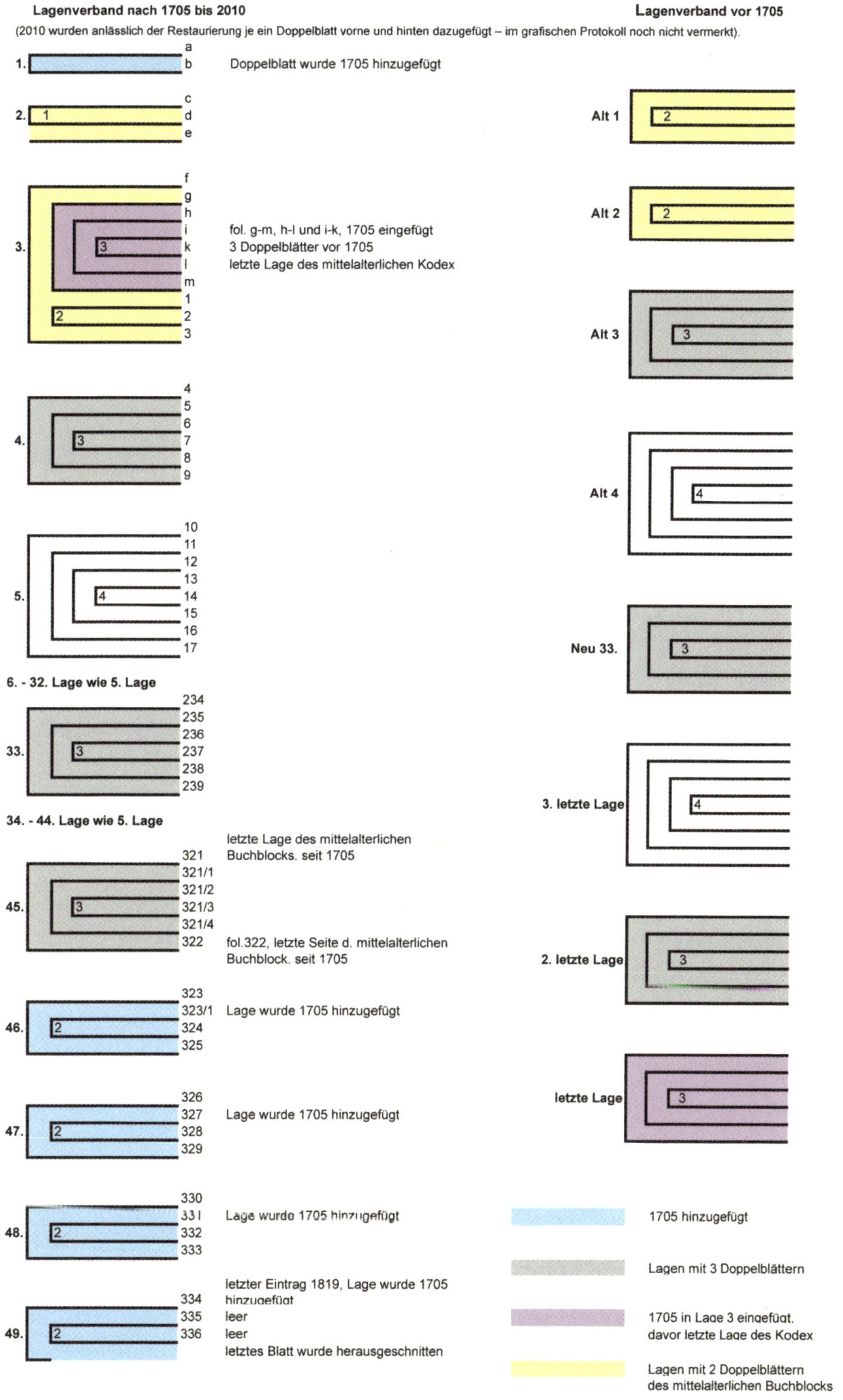
Lagenverband nach 1705 bis 2010
Lagenverband vor 1705
(2010 wurden anlässlich der Restaurierung je ein Doppelblatt vorne und hinten dazugefügt – im grafischen Protokoll noch nicht vermerkt).
1.
a
b
Doppelblatt wurde 1705 hinzugefügt
2.
1
c
d
e
Alt 1
2
3.
f
g
h
i
k
l
m
1
2
3
fol. g-m, h-l und i-k, 1705 eingefügt
3 Doppelblätter vor 1705
letzte Lage des mittelalterlichen Kodex
Alt 2
Alt 3
4.
4
5
6
7
8
9
Alt 4
5.
10
11
12
13
14
15
16
17
Neu 33.
6. - 32. Lage wie 5. Lage
33.
234
235
236
237
238
239
3. letzte Lage
34. - 44. Lage wie 5. Lage
letzte Lage des mittelalterlichen Buchblocks. seit 1705
45.
321
321/1
321/2
321/3
321/4
322
fol.322, letzte Seite d. mittelalterlichen Buchblock. seit 1705
2. letzte Lage
46.
323
323/1
324
325
Lage wurde 1705 hinzugefügt
47.
326
327
328
329
Lage wurde 1705 hinzugefügt
letzte Lage
48.
330
331
332
333
Lage wurde 1705 hinzugefügt
1705 hinzugefügt
Lagen mit 3 Doppelblättern
49.
334
335
336
letzter Eintrag 1819, Lage wurde 1705 hinzugefügt
leer
leer
letztes Blatt wurde herausgeschnitten
1705 in Lage 3 eingefügt, davor letzte Lage des Kodex
Lagen mit 2 Doppelblättern des mittelalterlichen Buchblocks

Ein- und hinzugefügte Foliierungen

	Zeitpunkt der Hinzufügung		Zeitpunkt der Hinzufügung		Zeitpunkt der Hinzufügung
fol. 251/½		fol. 320/3	2007	fol. 323/1	2007
fol. 316/½		fol. 321/1	2007	fol. 335	2007
fol. 317/1	2007	fol. 321/2	2007	fol. 336	2007
fol. 320/1	2007	fol. 321/3	2007		
fol. 320/2	2007	fol. 321/4	2007		

Konstruktionszeichnungen zur Restaurierung

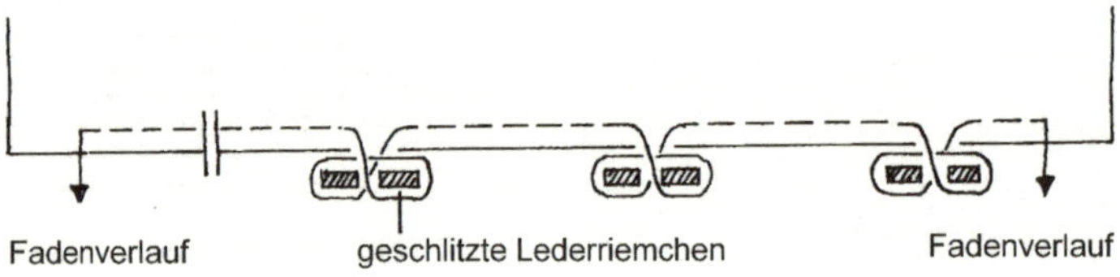

Abb.: 16: Schemazeichnung Bundheftung (gez. Z. Breu 03/2010)

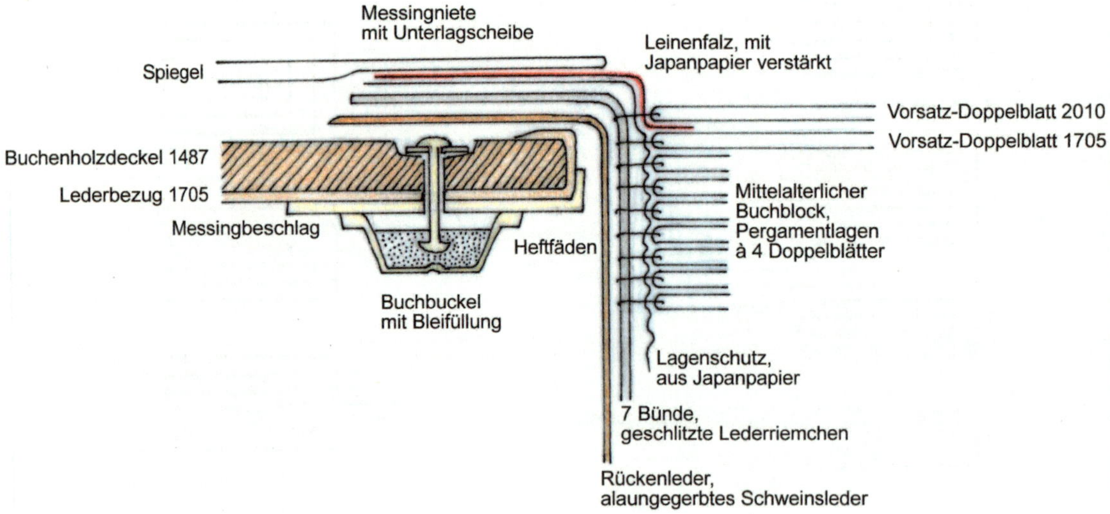

Abb.: 17: Konstruktion der Verbindung von Buchblock und Holzdeckel
(gez. Z. Breu 03/2010)

Restaurierung und Abschlussaufnahme März – April 2010

Abb.: 18: Buchblock nach der Heftung mit neuem Rückenleder, zum Trocknen abgebunden in der Presse.

Abb.: 19: Eisenbuch, Abschlussaufnahme nach der Restaurierung (Foto R. Unger).

BUCHBESCHLÄGE, BUCHSCHLIESSEN, BUCHBUCKEL

Verwendung, Metallbearbeitung und Montagetechnik der Appliken des Eisenbuches

Zita Breu

Zu Fertigungstechnik und Metallbearbeitung von romanischen und frühgotischen mittelalterlichen Buchbeschlägen und Schließen wurde bislang noch kaum detailliert geforscht.[1] Um hierzu einen Beitrag zu leisten, werden die Beschläge des *Eisenbuches* einer genaueren Betrachtung unterzogen.

Da im Zuge der geplanten Neubindung des Buchblocks samt Einbezug der Deckel erwünscht war, einen noch vorhandenen, losen Buchbuckel wieder anzubringen, schließt dieser Beitrag mit einem kurzen Bericht zur Buckelmontage.

Verwendungszweck von Metallteilen an Bucheinbänden

Beschläge

Bücher wurden im Mittelalter zum Schutz des Einbandes und der Kanten meist mit Beschlägen versehen. Dabei wurden in erster Linie die Ecken und die Mitte der Holzdeckel beschlagen; seltener wurden zusätzlich Kanten- oder Randbeschläge montiert.

Buchbuckel

Bücher wurden im Hochmittelalter und bis in die Frühneuzeit vorwiegend liegend aufbewahrt. Um einen Abstand zur Auflagefläche zu erhalten und das Buch so besser vor Abnutzung zu schützen, wurden die Beschläge mit Nägeln oder integrierten Buchbuckeln befestigt.

[1] Dürrfeld, Erforschung der Buchschließen, 40: „Auch für die einfachen Schließen und Beschläge vor ca. 1450 gilt, dass weder ihre Fertigungsverfahren noch ihre Standardtypen bisher untersucht wurden."

Buchschließen

Wurde ein handgefertigtes Konvolut an Pergamenten gebunden, mit Holzdeckel versehen und mit Leder bezogen, konnte dieses recht steif werden und zum „Klaffen" neigen. Wenn man das Buch nicht mit Leder- oder Pergamentriemen umwickelte, bediente man sich der praktischeren Buchschließen.

Die Schließenlager wurden an den Kanten des Vorder- oder Hinterdeckels montiert, die Schließen, Ösen- oder Hakenbleche selbst mittels Riemen- oder Metallscharnier am jeweils anderen Deckel befestigt.

Messingappliken des Eisenbuches

Die Metallteile des *Eisenbuches* sind – entgegen der Namengebung – nicht aus Eisen gefertigt, sondern aus Messing.[2]

Im Vergleich mit anderen zeitgenössischen mittelalterlichen Gebrauchseinbänden ist die Beschlägeausstattung des *Eisenbuches* sehr reichhaltig. Wie bei den meisten erhaltenen historischen Büchern – insbesondere den in starkem Gebrauch gestandenen – wurden im Laufe der Zeit auch am *Eisenbuch* einige Veränderungen vorgenommen. Die dabei applizierten Metallteile werden in der folgenden Auflistung chronologisch geordnet.

Chronologie

Phase I: Applikationen bei Erstbindung des Buches, 14. Jahrhundert/jedenfalls nach 1320:[3]

- acht Eckbeschläge – Form/Größe: Viertelkreissegmente, Seitenlängen 106 × 106 mm
- acht Kanten- bzw. Randbeschläge – (Original-)Länge/Breite: 224 × 28 (mit Lilie: 224 × 76 mm); ein Randbeschlag fehlend, von den sieben mittelalterlichen Randbeschlägen ist nur einer in Originallänge erhalten.
- zwei Mittelbeschläge – Form/Größe: kreisförmig, ø 107 mm (mit Lilie: ø 210 mm)

Die Metallstärke (Dicke) der mittelalterlichen Beschläge variiert, je nach Messstelle, zwischen unter 2 und bis ca. 3,5 mm.

2 Die Gewichtung (im doppelten Wortsinn) der und durch die Kantenbeschläge könnte, nebst der Wichtigkeit als Stadtbuch, ein Indiz für die Namensgebung des Buches gewesen sein, vgl. Fischer, S. 133 ff.

3 Am 21. Jänner 1320 (Tag der hl. Agnes) erteilte König Friedrich der Schöne den Wiener Ratsherren das Recht zur Anlage eines Rechtsbuches; vgl. Opll, Eisenbuch, 20.

Phase II: (Neu?)Bindung, Montage 1487[4]
- zehn Buchbuckel, sog. Kardinalshüte (heute nur mehr acht vorhanden) - Form/Größe: ø 64 mm / H 19,5 mm

Phase III: Datierung/Erstmontage nicht geklärt, vermutlich 1705
Bei der Neubindung des Buches – nun auf sechs Bünde – wurden die Holzdeckel wiederverwendet und mit einem blindgeprägten Schweinsledereinband versehen.

Weiters kamen einige neue Beschläge dazu:
- ein Randbeschlag als Ersatz des fehlenden mittelalterlichen Originalbeschlags; Länge/Breite: 127(108) x 31 mm (mit Lilie: 224 x 84 mm); Beschlag seitlich ebenfalls gekürzt.
- zwei Dornschließenlager[5] – Länge/Breite: 58 mm (mit Dorn: 69 mm)/38 und 44 mm
- zwei Ösenriemenschließen (heute nur noch eine vorhanden)

Phase IV: Remontagen Ende 19./Anfang 20. Jahrhundert, im Zuge einer Erneuerung des Buchrückens[6]
- Neumontierung der Buchschließen unter Verwendung von Teilen des alten Rückenleders (s. hierzu Ausführungen unten S. 120 f.)
- Hinterdeckel: Demontage des linken Randbeschlags; bei der Wiederanbringung wurden am seitlichen Rand keine Messingstifte, sondern drei Eisennägel verwendet (ø Nagelköpfe: 5,2 mm)

Der Einband setzt sich durch drei Merkmale auffallend von Vergleichsbeispielen ab:
- Neben den üblichen Eckbeschlägen sind hier zeitgleich alle Kanten beschlagen worden.
- Keine integrierten Buchbuckel: Die hier vorliegenden Buckel sind einzeln gefertigt und wurden (vermutlich) 1487 montiert. Diese Variante war bei Büchern gebräuchlich, die keine Beschlägeausstattung besaßen, besaß das Buch Beschläge, waren die Buckel – sofern mit Buckel ausgestattet – im Beschlag integriert, also aus dem Beschlag getrieben oder mitgegossen.
- Alle Beschläge wurden reich mit Gravuren verziert.

4 Dass sich die 1487 (WStLA, Oberkammeramt B 1/1, Bd. 48 1487 fol. 59v) notierte Neubindung einer dort so genannten *stat hanntfesst* auf das Eisenbuch bezieht, ist sehr wahrscheinlich (s. Beitrag Fischer, S. 133 ff.).

5 Dass die genannten Schließenteile 1705 dazugekommen sind, ist vorläufig eine Vermutung. Sie sind sicher nicht älter; es könnte sich aber auch um spätere, in der Formensprache des frühen 18. Jahrhunderts gehaltene Zutaten handeln.

6 Siehe dazu den Beitrag von Krauss, S. 96 f.

Die Eck- und Randbeschläge

Von den sechzehn originalen mittelalterlichen Eck-, Kanten- oder Randbeschlägen des *Eisenbuches* sind noch fünfzehn vorhanden. Der verlorengegangene untere Randbeschlag des Hinterdeckels wurde in einer späteren Phase ersetzt.

Die Beschläge sind mit floralen Ornamenten und Drachenmotiven verziert.[7]

Als florale Elemente kommen Ranken und fünf verschiedene Blättertypen vor (*Abb. 1*).

Buchbeschlag Messing	**Bez.**	**Handschrift**	**Blatttypus**	**Drachen**	**Binnenzeichnung Blätter**	**Veränderungen**
Hinterer Deckel						
Eckbeschläge	HD-EB-ol	B	2 3	x	keine	
	HD-EB-or	B	2 3 4	x	keine	2 Bohrlöcher
	HD-EB-ul	A?	1 3	x	keine	2 Bohrlöcher
	HD-EB-ur	B	2 3 4	x	keine	2 Bohrlöcher
Mittelbeschlag	HD-MB	B	3	x		
Randbeschläge	HD-RB-l	B	3	–	Blattnerven	Originalgröße
	HD-RB-o	B	5	–	keine	beidseitig gekürzt
	HD-RB-r	B	2	–	Blattnerven	beidseitig gekürzt
	HD-RB-u			–	*anderer Beschlag*	
Vorderer Deckel						
Eckbeschläge	VD-EB-ol	B	2 3	x	Blattnerven	
	VD-EB-or	B	2	x	keine	
	VD-EB-ul	B	2	x	keine	
	VD-EB-ur	B	2 3	x	keine	
Mittelbeschlag	VD-MB	B	2	keine	Blattnerven	
Randbeschläge	VD-RB-l	B	1	–	Blattnerven	beidseitig gekürzt
	VD-RB-o	B	2	–	Blattnerven	beidseitig gekürzt
	VD-RB-r	B	5	–	keine	beidseitig gekürzt
	VD-RB-u	B	1	–	Blattnerven	beidseitig gekürzt

Bearbeitung der Beschläge

Die Ränder aller Beschläge sind als Blattfries mit gesägten, gefeilten und gravierten Blättern gestaltet. Die Blätter sind durch ca. 2 mm breite Bohrlöcher voneinander abgesetzt (*Abb. 2*).

Die Umrisslinien der Motive sind mittels Façonpunzen geschrotet. Verwendet wurde ein leicht gerundeter Schrot- oder Setzpunzen von max. 2 mm Breite.

[7] Zur Ikonographie der Drachenmotive siehe den Beitrag von Kirchweger – Fingernagel, S. 37.

Das Schroten erfolgte nicht laufend (schiebend), sondern mittels Hintereinandersetzen der Schläge. Die Linien weisen daher nicht eine durchgehende Bahn gleicher Breite auf, sondern wirken durch die unterschiedlich lang nebeneinander gesetzten Punzierungen recht lebendig (*Abb. 3*).

Hintergrund oder Zwischenräume wurden mit einem Gravierstichel tremebliert.[8] Für das Tremblieren kam ein Hohl- bzw. Bollstichel von ca. 1,8 mm zum Einsatz.

Montage der Beschläge

Die Beschläge wurden anlässlich der Umbindung und Neubelederung der Buchdeckel 1705 neu montiert. Die verwendeten Messingnägel sind alle handgemacht; die Dicke der Nagelköpfe variiert zwischen 2,9 und 3,7 mm. Es kann davon ausgegangen werden, dass ein Großteil der Nägel aus der Entstehungsphase des Buches stammt.

Die Beschläge wurden seitlich in/an die Holzbuchdeckel und teils auch von oben, durch die Zierlochleisten genagelt. Nur der linke Randbeschlag des Hinterdeckels (HD-RB-l) wurde im Zuge der Anbringung eines neuen Rückens nochmals demontiert. Hier hat man bei der Wiederanbringung an der Randleiste Eisennägel verwendet (*Abb. 4*).

Gebrauchsspuren als Hinweis auf die Erstverwendung?

Abnutzungsspuren auf dem rechten Seitenbeschlag des Vorderdeckels (VD-RB-r) lassen eine jahrzehntelange Verwendung als Beschlag erkennen, über den ein Art Schnur (dünnes Seil?, Riemen?) gezogen wurde (*Abb. 5*). Die Gravur- und Schrotlinien sind an dieser Stelle nur noch schlecht erkennbar bzw. ganz abgerieben.

Im Vergleich mit den unten beschriebenen eventuell zu einem späteren Zeitpunkt montierten Buchschließen fragt sich, ob vor dem Doppelschließensystem noch eine anders geartete Schließ- bzw. Bindetechnik beim Eisenbuch Verwendung fand.

Beschlagergänzung

Der untere Randbeschlag des Hinterdeckels (HD-RB-u) ist eine spätere Ergänzung, die möglicherweise aus der Phase der Neubindung von 1705 stammt.[9] Er ist sowohl in der äußeren Form als auch in der Stärke den ursprünglichen Randbeschlägen nachempfunden. Die Innengravierung hingegen ist frei, jedoch

8 Auch tremulieren oder tremolieren genannt (frz. trembler = zittern). Der Gravierstichel wird beim Tremblieren relativ steil aufgesetzt und durch hin- und herwackelnde (zitternde) Bewegung vorwärtsgeschoben. Durch diese Bewegung entsteht ein Zickzackmuster.

9 Die Zuordnung zu einer einigermaßen datierbaren Um-/Neubindungsphase ist nicht gesichert.

strenger gestaltet. Dieser Beschlagteil setzt sich optisch auch durch einen rötlicheren Farbton ab, da hier eine Legierung mit höherem Kupferanteil verwendet wurde. Auffallend ist, dass der Beschlag etwas zu breit geraten ist: Auf der rechten Seite überdeckt die Kante des Beschlags die Blattspitzen des rechten Eckbeschlags. Das Stück wurde extra angefertigt oder aus einem vorhandenen Beschlag zugeschnitten, was die Frage aufwirft, warum dieser Teil nicht besser angepasst wurde (*Abb. 6*).

Buchschließen

Die Schließen stammen, wie schon oben erwähnt, aus einer späteren Umbindungsphase. Wann sie zum ersten Mal am Eisenbuch montiert wurden, ist nicht geklärt. Aus den im Folgenden beschriebenen Details kann jedoch abgeleitet werden, dass sie bei der Anbringung des neuen Rückens Ende 19./Anfang 20. Jahrhundert neu montiert wurden.[10]

Oberflächenbearbeitung und Patinierung

Sowohl die noch vorhandene Ösenschließe als auch die zwei Dornschließenlager wurden graviert und geschrotet. Die Längsseiten sind mit Kreuzmattpunzen strukturiert.

Alle drei Schließenteile weisen Patinierreste sowie Lackier-(Firnis?)spuren auf (*Abb. 7 und 8*).

(Re)montage der Buchschließen Ende 19./Anfang 20. Jahrhundert

Die Dornschließenlager sind mittels Messingnägeln auf den Buckdeckeln fixiert. Die Ösenschließe wurde an einen Riemen aus mehrfach gefaltetem Leder genietet. Das Leder stammt, aus Vergleichen der Beschaffenheit und Oberfläche zu schließen, mit größter Wahrscheinlichkeit vom entfernten Rückenleder. Um diese (eher dick geratenen) Riemen unter den Ledereinband des Hinterdeckels zu bekommen, wurden der linke Randbeschlag am Hinterdeckel abgenommen und zwei Querschnitte ins Leder gesetzt. Einer der Schnitte ist durch den wieder angebrachten Randbeschlag leicht verdeckt, der zweite zur Gänze sichtbar (*Abb. 9*).

Das heute die Buchdeckel einfassende Leder stammt nachgewiesenermaßen von der Neubindung 1705.[11] Das Leder umfasst die originalen, wiederverwendeten mittelalterlichen Buchdeckel und kleidet auch beim Vorderdeckel zwei

10 Die Neumontage bedeutet weder, dass sie neu zum Buch gekommen sind, noch dass sie bereits vorhanden waren. Es wären also verschiedene Varianten möglich.

11 Siehe dazu den Beitrag von Krauss, S. 101 f.

ca. 4 mm vertiefte Ausnehmungen für die Ösenschließen aus.[12] Die Epidermis weist bei den Ausnehmungen stärkere Abriebspuren auf, die nicht von der Verwendung der Buchschließen herrühren können, da die jetzt angebrachten Schließen sowohl schmaler sind als die Ausnehmungen als auch weiter außen abstehen (*Abb. 10*).

Weiters ist die Montage der Dornschließenlager auffällig. Die Lager sind so weit vorne montiert, dass die Dorne zu weit überstehen, sodass bei Einhaken der Öse diese „in der Luft steht" und Schließe samt Riemen nicht am Buchblock anliegen.

Dass eine Verwendung in dieser Art nicht ursprünglich geplant sein kann, ist aus der grundsätzlichen Idee der Ausnehmungen erklärbar. Diese dienen dazu, ein Abstoßen (und somit den Verlust) der Dorne zu verhindern, gleichzeitig aber eine leichte Handhabung des Einrastens der Öse zu ermöglichen. In der vorliegenden Situation stehen die Dorne stark über, sind also gefährdet, und die Öse sitzt beim Einhängen nicht satt und anliegend (*Abb. 11*).[13]

Aus dem vorliegenden Befund – der unlogischen Montage sowie der künstlichen Patinierung und Firnisaufbringung, den Einschnitten in den Ledereinband des Hinterdeckels (vermutlich zur späteren Einfügung des Riemenschließleders), der Verwendung eines Lederstreifens vom ehemaligen Buchrücken – ist zu schließen, dass sowohl die Dornschließenlager als auch die Ösenriemenschließe zum Zeitpunkt der Rückenmontage Ende 19./Anfang 20. Jahrhundert neu montiert wurden. Offen ist, ob es sich bei den drei Schließenteilen um wiederverwendete, optisch angeglichene Teile oder aber gänzlich um Neuanfertigungen handelt.

Die Oberflächenbeschaffenheit (Gravurtechnik, Nachpatinierung) macht die Annahme einer Entstehungszeit Anfang des 20. Jahrhunderts möglich, sie schließt aber eine frühere Entstehungszeit nicht gänzlich aus. Wenn die Teile als Spolien hier eine Zweitverwendung fanden, wird man danach getrachtet haben, sie optisch einer Oberflächenanpassung zu unterziehen.

Buchbuckel

Ende 2009 wurde der bislang lose Buckel vom linken unteren Eckbeschlag des Eisenbuchs aus konservatorischen Gründen wieder montiert. Die Überlegungen, welche Montagevariante hier die sowohl sinnvollste als auch reversibelste wäre, führte zu einer Recherche der historischen Montagetechnik der Eisenbuchbuckel (*Abb. 12–17*).

12 Ob diese Ausnehmungen schon bei der Erstbindung vorhanden waren, lässt sich nicht mit Sicherheit sagen. Die oben erwähnten Abriebspuren am Randbeschlag des Vorderdeckels würden eher auf eine Neuanfertigung der Ausnehmungen im Zuge der Umbindung um/nach 1705 hindeuten.

13 Vgl. hierzu die Ausführungen bei Dürrfeld, Mit Haken und Ösen, 428.

Objektdetails – Material – Maße

8 Buchbuckel, so genannte „Kardinalshüte" (2 fehlend)
Material: Messingguss, gedreht und gefeilt
Maße: ø außen: 64 mm, Höhe 19,55 mm
Datierung: 1487[14]

In der Literatur über mittelalterliche Buchbindetechniken finden sich Hinweise auf die Art, wie Buchbuckel befestigt wurden, etwa bei Szirmai 1999. Die Buckel wurden innen mit Blei ausgegossen, und in dem noch flüssigen Blei wurde ein Nagel so lange fixiert, bis das Blei erkaltet/erhärtet war.[15]

So logisch die Technik erscheint, so unklar ist es, ob die Montage beim *Eisenbuch* in genau dieser Weise erfolgte. Die laut Literatur so fixierten spitzen Nägel wurden ja offensichtlich – ähnlich wie verzierte Polsternägel – mitsamt Hut in den Buchdeckel geschlagen. Wie lange hält aber ein konischer Nagel einen durch das Bleigewicht schwer gewordenen Kardinalshut an/auf einem hölzernen Buchdeckel?

Einen Hinweis darauf finden wir an einer aus den Beständen des WStLA stammenden Bruderschaftsordnung der Goldschmiede von 1367. Bei einer Buchecke, deren Buckel verlorengegangen ist, deren Montagestift (Niete/Nagel?) sich jedoch erhalten hat, ist Folgendes erkennbar: Der Nagel ist nicht nur im Holz verankert, sondern durchfasst den ganzen Buchdeckel und wurde auf der Gegenseite (Deckelinnenseite) vernietet.

Dieselbe Technik finden wir beim *Eisenbuch.* Hier sind zur Montage Messingstifte verwendet worden. Zwar wissen wir nicht, wie die Stift-/Nagel- oder Nietköpfe auf der Gegenseite – in den Buckelhüten – ausschauen, jedoch sind die Gegennietköpfe durch das Auseinandernehmen des Buches vor einigen Jahren sichtbar gemacht worden, und konnten daher dokumentiert werden.

Mögliche Montagevarianten für den losen Buchbuckel

Die oben beschriebene historische Technik des Eingießens von Blei in den Buckel kommt nicht für die Wiederanwendung in Frage, da sie an/mit dem gealterten Material irreversible Schäden anrichten könnte.

Es musste eine einfache Methode gewählt werden, die möglichst wenig Fremdmaterial einbringt und zugleich der Reversibilität Rechnung trägt. Daher wurde entschieden, auf die Unversehrtheit der Bleifüllung zu verzichten und das Einschneiden eines Gewindes in das vom ehemaligen Montagestift noch vorhandene Loch zu tolerieren.

Durchgeführte Maßnahmen

Einschneiden eines Gewindes in das Bleibett des Buchbuckels mit Gewindeschneider auf die Tiefe von ca. 6 mm; Zurichten einer Messinggewindeschraube mit Linsenkopf; Zusammenschrauben von Buckel und Buchrücken.

14 WStLA, Oberkammeramt B 1/1, Bd. 48 1487 fol. 59v (Zuordnung zum Eisenbuch wahrscheinlich).
15 Szirmai, Archaeology, 264.

Abbildungen

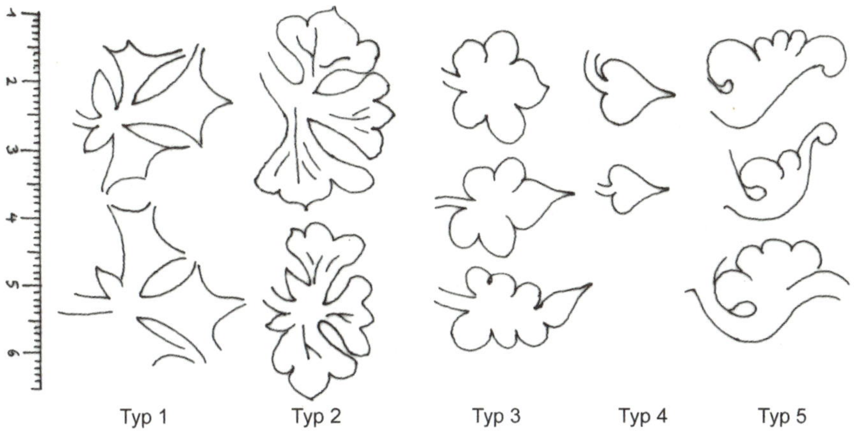

Abb. 1: Typen der Blattornamente auf den Beschlägen des Eisenbuches (Zeichnung: Zita Breu).

Abb. 2: Ränder der Beschläge des Eisenbuches.

Abb. 3:
Punzierungen der Linien auf den Beschlägen des Eisenbuches (hier: HD-EB-ul).

Abb. 4:
Hinterdeckel des Eisenbuchs, Randbeschlag links; Detail der Kante mit einem Eisennagelkopf.

Abb.5: Abnutzungsspuren auf dem rechten Seitenbeschlag des Vorderdeckels des Eisenbuches.

Abb.6: Hinterdeckel des Eisenbuchs, Randbeschlag unten.

Abb. 7-8: Patinierreste sowie Lackier-(Firnis?)spuren auf den Schließenteilen des Eisenbuches.

Abb. 9:
Schnitt im Ledereinband des Hinterdeckels des Eisenbuches (Anbringen des Riemens für die Ösenschließe).

Abb. 10:
Anbringung der Ösenschließen, Vorderdeckel des Eisenbuches.

Abb. 11: Montage der Dornschließenlager beim Eisenbuch.

Abb. 12: Buchbuckel des Eisenbuches, Hinterdeckel, unten links.

Abb. 13: Unterseite des Buchbuckels des Eisenbuches mit Bleieinguss.

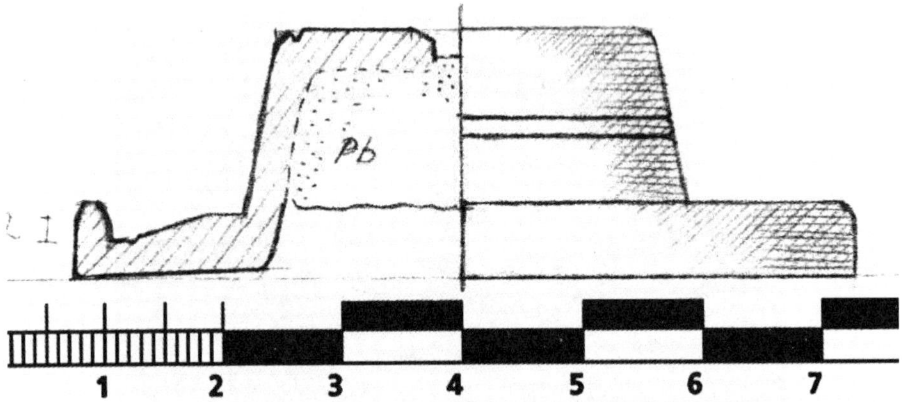

Abb. 14: Buchbuckel des Eisenbuches, Schnittzeichnung (Zeichnung: Zita Breu).

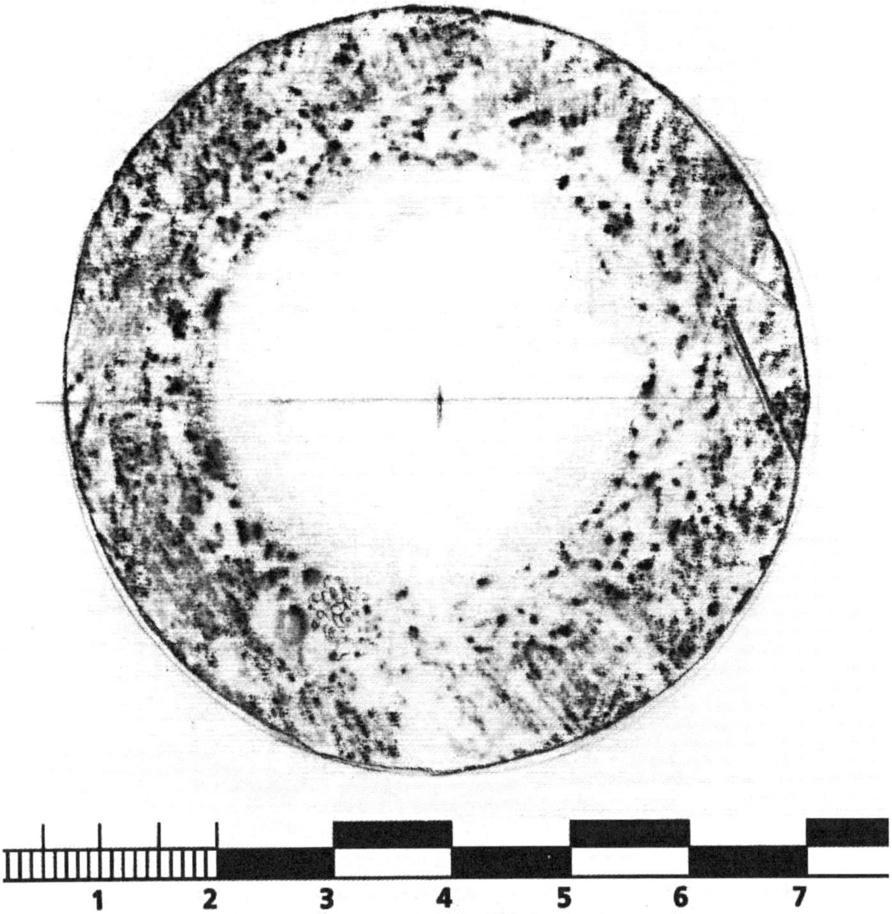

Abb. 15: Buchbuckel des Eisenbuches, Abrieb der Buckelunterseite.

Abb. 16: Buchbuckel des Eisenbuches, Feilspuren auf der Buckelunterseite.

Abb. 17: Ansicht der Innenseite des Hinterdeckels des Eisenbuches: Das Montageloch unten rechts wurde bei einer früheren Restaurierung/Umbindung mit einem Holzstift gefüllt. Das Loch oben links ist für die Aufnahme des Befestigungsstiftes des losen Buckels vorgesehen.

WARUM HEISST DAS EISENBUCH „EISENBUCH"?

Karl Fischer

Diese Frage wurde – soweit ich es sehen konnte – bisher niemals wirklich gestellt und diskutiert. In der Literatur tauchte die Bezeichnung nach 1800 auf, ohne dass die Frage nach der Bedeutung oder dem Grund der Bezeichnung gestellt wurde. Den ersten gedruckten Beleg für den Namen „Eisenbuch", den ich fand, lieferte Joseph Freiherr von Hormayr zu Hortenburg,[1] der in seiner Geschichte unserer Stadt schrieb:

> „Wien hat von Friedrichen [sc. Friedrich dem Schönen] eine am 21. Jänner 1320 gefertigte Handfeste, die mit den alten Bürgern beynahe abgestorbenen alten Ordnungen erneuernd und befehlend, daß ‚ein rechtes Buch' sollte gehalten werden und alle Rechte und Verordnungen, Armer und Reicher wegen hineingeschrieben. Das ist der Anfang des noch vorhandenen Eisenbuches [...]"[2]

Seit dem wurde die Benennung einfach verwendet, so z. B. in der Österreichischen Nationalenzyklopädie, wo die Handschrift bereits unter dem Stichwort „Eisernes Buch (Eisenbuch) der Stadt Wien" beschrieben wird.[3] Auch Franz Tschischka und Karl Weiß gebrauchten den Ausdruck ganz selbstverständlich und ohne ihn zu hinterfragen.[4] Erst Johann Adolph Tomaschek, der sich als erster intensiv mit dem Codex befasste,[5] sah sich zu einer Erklärung veranlasst. Unter dem Titel „Das Eisenbuch oder früher sogenannte grosse Stadtbuch" erläuterte er dessen Entstehungsgeschichte. Er griff den Ausdruck *recht puech* aus dem Begründungsbericht von 1320[6] auf und schrieb zur Benennung des Bandes:

> „Die Bezeichnung *Rechtsbuch* für diese und ähnliche Bücher ist jedoch keine passende, wenigstens nicht in dem Sinne, in dem wir heute dieses Wort zu nehmen gewohnt sind. Es sind keine von Privaten unternommene Aufzeichnungen des Gewohnheitsrechts oder Bearbeitungen des Rechts, sondern mit officieller Autorität bekleidete Sammlungen von positiven Erzeugnissen der städtischen Autonomie und der gesetzgeberischen Thätigkeit der Landesfürs-

1 Zu diesem siehe z. B. Czeike, Lexikon 3, 266 f.

2 Hormayr, Wien, 3. Band, 1. und 2. Heft, 161.

3 National-Encyklopaedie, 2. Bd. (E–H), 39. – Der Eintrag bringt übrigens fast wörtlich Hormayrs Text.

4 Tschischka, Geschichte der Stadt Wien, 138; Weiss, Geschichte der Stadt Wien, 1. Abtheilung, 181; Ders., 2. Aufl., 1. Bd., 167 und 336.

5 Tomaschek, Rechte und Freiheiten, Bd. 1, LXXX ff. – Siehe dazu auch Opll, Eisenbuch, 8.

6 WStLA, Hs. A 1/1, fol. 1r.

ten. Der in Wien später dafür adoptierte Name *‚grosses Stadtbuch‘* (siehe z. B. die Urkunden XLI, XLV, XLIX, LXIII, XCVIII u. s. w.) ist viel angemessener und wurde erst in jüngerer Zeit offenbar wegen des starken Metallbeschlages des Buches mit der Bezeichnung *‚Eisenbuch‘* vertauscht.“[7]

Damit war das Thema aber auch schon erledigt. Was bei Tomaschek noch eine – wenn auch sehr dezidierte – Vermutung war („[...] *offenbar* wegen des starken Metallbeschlages [...]“), wurde in der Folge zur Gewissheit. Heinrich Schuster wusste bereits mit Sicherheit, dass das Buch nach seinen Beschlägen hieß:

„In Wien macht nämlich den Anfang jenes Buch, welches von seinem Verleiher ‚Rechtbuch‘ genannt ist, sonst aber während des Mittelalters in seinen eigenen Eintragungen höchstens durch die Bezeichnung ‚das grosse Stadtbuch‘ oder (so im Rathsbeschlusse von 1417) ‚das grozz rechtpuch‘ von anderen Stadtbüchern unterschieden wird, während es in der Neuzeit einmal, nämlich in der authentischen Interpretation von 1819 zum Erbrechtsstatut von 1383, amtlich ‚Gedenkbuch‘[8] heisst und vulgär von den (bronzenen) Metallbeschlägen des Einbandes her als ‚Eisenbuch‘ bekannt ist, wie zur Unterscheidung von anderen Büchern auch wir es nennen wollen.“[9]

Weiters erklärte er in einer Anmerkung, dass nach Mitteilung des Stadtarchivars Dr. Uhlirz „sich dieser Name zuerst in städtischen Actenstücken des vorigen [sc. 18.] Jahrhunderts“ findet. „Er kann ferner erst nach Beginn des XVIII. Jahrhunderts entstanden sein, weil nach der Notiz auf Blatt 2 erst unter Kaiser Josef I. der gegenwärtige Einband gemacht wurde, von dem her das Buch doch so heisst.“[10]

Der apostrophierte Stadtarchivar seinerseits ging auf eine Begründung des Namens gar nicht erst ein und sprach lediglich von „dem ‚grossen Stadtbuche‘ oder wie es, so viel ich sehe, seit dem Beginn des XVIII. Jahrhunderts genannt wird, dem ‚Eisenbuche‘“.[11] Als Belege zitierte er zwei Stellen aus den „Stadtrechnungen“ (heute: Oberkammeramtsrechnungen) von 1740 und 1748, in denen Honorare für Eintragungen in das Eisenbuch festgehalten werden.[12] Er erwähnte – mit Bezug auf die Restaurierung von 1705, aber ohne einen Konnex mit dem Namen herzustellen – noch: „Von dem alten Einbande sind vielleicht noch einzelne Metallbeschläge vorhanden; er selbst wurde im Jahre 1487 [...]

7 Tomaschek, Rechte und Freiheiten, LXXX (Hervorhebungen im Original).

8 Tatsächlich heißt es an der entsprechenden Stelle allerdings „Denkbuch“, s. WStLA, Hs. A 1/1, fol. 46v. – Den Irrtum hat Schuster von Tomaschek übernommen; vgl. dazu Opll, Eisenbuch, 7 mit Anm. 6.

9 Schuster, Rechtsleben, 352–498, hier 377 f.

10 Ebd., 378 Anm. 1. – Die erwähnte Restaurierung erfolgte 1705, vgl. Tomaschek, Rechte und Freiheiten, LXXXI, und Opll, Eisenbuch, 8.

11 Uhlirz, Quellen und Geschichtsschreibung, 35–107, hier 93 f. – Schon zuvor hatte Uhlirz sich anlässlich der Erörterung von Einzelproblemen fallweise kurz auf das *Eisenbuch* bezogen, ohne auf die Namensproblematik einzugehen: darunter in: MIÖG 15 (1894), 488–516; hier 514, Anm. 3; in: ders., Continuatio Vindobonensis, 26, 28 und 29 Anm. 1; ders., Urkunden und Regesten, in: Jahrbuch 16, LXIV; Vorrede, in: QuGStW II/1, V.

12 Uhlirz, Quellen und Geschichtsschreibung, 94 Anm. 1.

einer durchgreifenden Reparatur unterzogen [...]. Doch auch von dieser Arbeit ist mit Ausnahme der Beschläge und Spangen nichts mehr erhalten.“[13]

Übrigens kamen anlässlich der Arbeiten von 1487 (*Abb. 1*) unter anderem elf Pergamenthäute, die dem Buch beigebunden wurden, *riem capital* [...] *snüer* [...] *pretter* [...] *1 vel* [...] *1 capert* [...] *clausur mitsambt den spangen* [... (und)]

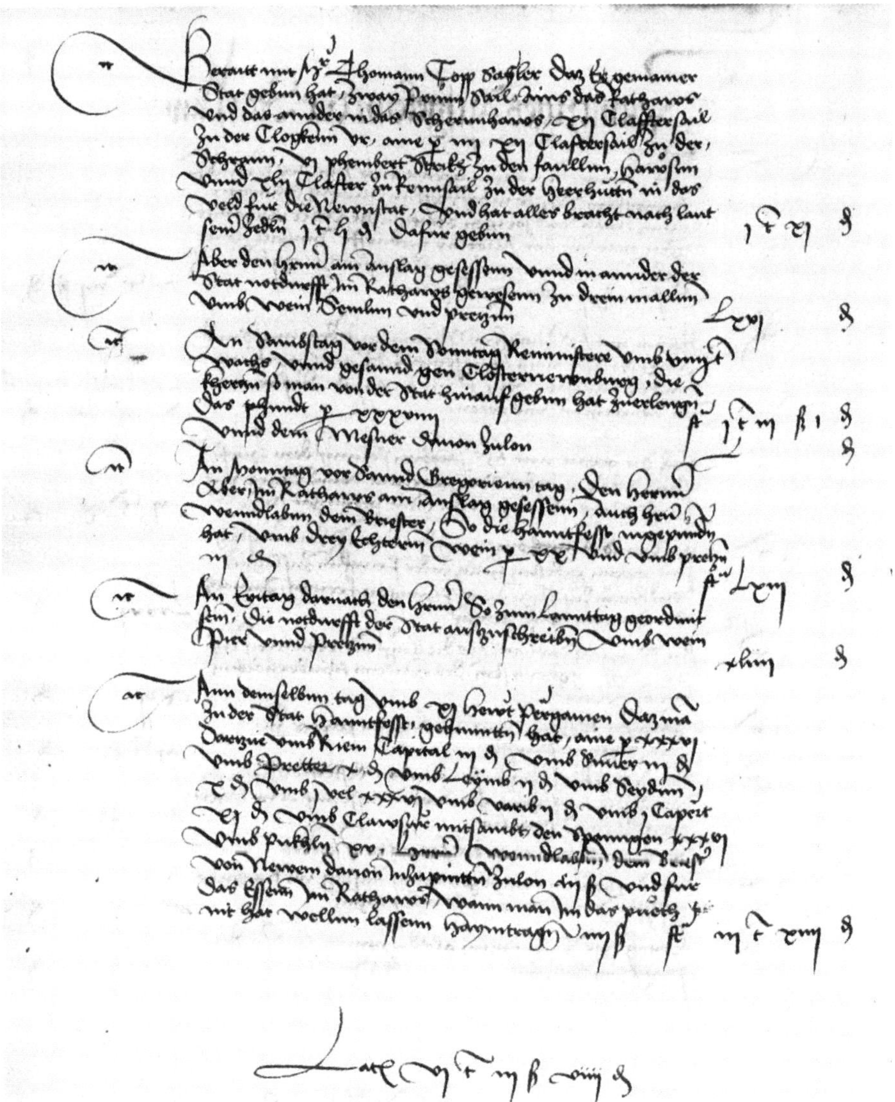

Abb. 1: Notiz über buchbinderische Arbeiten am Eisenbuch aus dem Jahre 1487 (WStLA, Oberkammeramt B 1/1, Bd. 48, 1487, fol. 59v).

13 Uhlirz, Quellen und Geschichtsschreibung, 95 mit Anm. 2.

pukln zur Abrechnung. Der hohe Stellenwert, der damals der *hantfest* bzw. *der stat hantfest* zukam, ist daraus ersichtlich, dass man den Priester Wendlab, der die Neubindung vornahm, um 4 Schilling im Rathaus verköstigte, *wann man im das puech nit hat wellen lassen haimtragen.*[14]

Wenn Uhlirz gemeint hatte, die Bezeichnung „Eisenbuch" sei erst im 18. Jahrhundert aufgekommen, so wies dessen Nachfolger als Archivdirektor, Hermann Hango,[15] den Bearbeiter des Kapitels „Verfassung und Verwaltung der Stadt Wien (1526–1740)" der großen Wien-Geschichte des Altertumsvereins auf den auch jetzt noch frühesten bekannten Beleg von 1494 hin.[16]

Ivo Luntz befasste sich mit dem Eisenbuch vor allem in paläographischer Hinsicht.[17] Der nachmalige Direktor des Archivs der Stadt Wien, Otto Hellmuth Stowasser, setzte sich ausführlich mit der Frage der Entstehung des *Eisenbuchs* auseinander, ging aber ebenfalls nicht auf die Benennung ein.[18] Darauf basierend erörterte auch Friedrich Walter in seiner Prüfungsarbeit am damaligen Österreichischen Institut für Geschichtsforschung kurz die Anfänge des *Eisenbuchs*, ebenfalls ohne den Namen zu diskutieren.[19]

Alphons Lhotsky hielt in seiner großen „Quellenkunde" zu den Stadtbüchern fest: „Das erste Specimen in Wien ist das nach seinen metallischen Beschlägen benannte Eisenbuch."[20] Weniger eindeutig äußerte sich Felix Czeike im Katalog zur großen Archivalienausstellung des Stadtarchivs über das Buch: „Es ist lange Zeit als ‚Großes Stadtbuch' bekannt gewesen und wird unter diesem Namen bereits im Spätmittelalter urkundlich erwähnt. Erst aus jüngerer Zeit stammt die Bezeichnung ‚Eisenbuch'; allerdings sind die Metallbeschläge der Deckel aus Messing."[21] Im Katalog der Mittelalterausstellung des damaligen Historischen Museums der Stadt Wien heißt es dann wieder ziemlich dezidiert: „Das große Stadtbuch, nach rechtshistorischer Terminologie weitgehend ein Stadtrechtsbuch, wird 1494 erstmals wegen seiner Beschläge als ‚Eisenbuch' bezeichnet."[22]

Es erschien mir allerdings nie wirklich plausibel, dass das *Eisen*buch nach seinen *Messing*beschlägen benannt worden sein soll, was ich Mitte der 1980er Jahre gelegentlich auch mündlich äußerte. Auch Peter Csendes scheint von einer ähnli-

14 Uhlirz, Urkunden und Regesten, in: Jahrbuch 17, 98, Nr. 15506. – Dieser Eintrag in der Kammeramtsrechnung von 1487 wurde von Uhlirz – wohl mit Recht – auf das Eisenbuch bezogen. Vgl. zwei diesbezügliche Eintragungen in: WStLA, Oberkammeramt B 1/1, Bd. 48 (1487), fol. 59v.

15 Vgl. dazu Opll, Geschichte des Wiener Stadt- und Landesarchivs, 26 und 57.

16 Fajkmajer, Verfassung und Verwaltung, 100–159, hier 102 mit Anm. 2. – Vgl. dazu auch die Rezension der weiter unten genannten Arbeiten Stowassers durch A. von Wretschko in: Zeitschrift der Savigny-Stiftung für Rechtsgeschichte, Germanistische Abteilung, 37 (1916), 663–675, hier 670, deren Conclusio ebenfalls beachtenswert ist. Auf den Beleg von 1494 verwiesen später auch Demelius, Entstehung, 47–50; Brauneder, Übertragung Wiener Rechts, 236 f.; Opll, Eisenbuch, 7.

17 Luntz, Entwicklung der Wiener Privaturkunde (I); Ratsurkunde (II), 47 mit Anm. 2 und 87 ff.

18 Stowasser, Entstehungszeit des Eisenbuches, 19–47; ders., Eisenbuch, 189–192; ders., Stadtbuch von Waidhofen, 1–116.

19 Walter, Testamentsbücher, 1–5.

20 Lhotsky, Quellenkunde, 85.

21 Archivalien aus acht Jahrhunderten, 12, Kat.-Nr. 1.

22 Wien im Mittelalter, Kat.-Nr. 126.

chen Skepsis befallen gewesen zu sein, hielt er doch fest: „‚Eisenbuch‘ wird *nicht* von den Messingbeschlägen (!) des barocken Einbandes abgeleitet und ist erstmals 1494 belegt.“[23] Er ging aber ebenfalls nicht weiter auf die Problematik ein.

Nun ist es schon so, dass es Stadtbücher gibt, die nach ihren äußeren Merkmalen benannt sind. Konrad Beyerle stellte vor 100 Jahren in seiner auch heute noch grundlegenden Arbeit über die deutschen Stadtbücher eine Liste der Bezeichnungen zusammen. Die meisten Namen haben irgendeinen inhaltlichen Bezug. Es gibt aber auch Namen mit einem Hinweis auf das Gedächtnis oder das Wissen (bzw. dessen Sicherung), z. B. „*abgeschriften* (Konstanz), ... *buch der gedächtnis* (Hildesheim), ... *kopirbuch* (Dortmund), ... *kundiges bok* (Göttingen), ... *merkerbuch* (Wiesbaden), ... *liber copiarum* (Göttingen, Stralsund), ... *liber memorialis* (Lübeck, Stralsund), ... *liber recognitionis* (Rostock).“ Die Bezeichnungen nach äußeren Merkmalen sind weniger häufig: „*rotes buch* (sehr häufig, z. B. Bern, Chemnitz, Kolmar, Dortmund, Duderstadt, Esslingen, Freiberg, Köln, Konstanz, Rostock, Rottweil, Ulm, Zürich), ... *schwarzes buch* (Köln), ... *liber inferior* (Lübeck), ... *liber magnus civitatis* (Dortmund), ... *liber superior* (Lübeck).“[24]

Ja, Wattenbach berichtet sogar: „Bolkenhain hat sein *eisernes* Buch, welches, vermuthlich im 16. Jahrhundert, in Holzdeckel mit Eisenbeschlägen und Kette gebunden ist.“ In der dazugehörigen Anmerkung heißt es dann noch: „Auch Wien hat sein *Eisenbuch*. Das Utrechter Domcopialbuch heisst *liber catenatus*.“[25] Ein ganz wesentlicher Unterschied ist allerdings festzustellen: Im Gegensatz zum Wiener Eisenbuch, das mit *Messing*beschlägen versehen ist, wurde das eiserne Buch von Bolkenhain tatsächlich mit *Eisen*beschlägen und einer – vermutlich ebenfalls eisernen – Kette versehen. Auch das erwähnte Utrechter Domkopialbuch wird wohl tatsächlich angekettet gewesen sein.

Natürlich ist es nicht auszuschließen, ja sogar möglich, das „unser“ *Eisenbuch* nach seinen äußeren Merkmalen so benannt wurde. Genauso gut kann es aber auch *nicht* danach heißen – beides wird sich nicht beweisen lassen.

Wenn man aber eine Alternative überhaupt in Betracht ziehen will, muss man sie wohl im Metaphorischen suchen. Doch zuvor soll der älteste Beleg für die Bezeichnung – er steht leider etwas isoliert – näher betrachtet werden: Es handelt sich um eine Urkunde vom 29. Juli 1494, um einen Gerichtsbrief, in dem von Bürgermeister und Rat in einem Streit um ein verpfändetes Haus entschieden wird.[26] Eine der Streitparteien, der Beklagte, berief sich dabei auf eine Bestimmung des Wiener Stadtrechts, *Als solh Recht mit ausgedrukhten worten in vnnserm*

23 Csendes, Rechtsquellen, 19 f. (Hervorhebung durch den Autor).

24 Beyerle, Stadtbücher, 146–200, die Namensliste 188–191; verwendet wurde die Online-Ausgabe: http://www.uni-koeln.de/~ahz26/dateien/beyerle.htm.

25 Wattenbach, Schriftwesen, 403 mit Anm. 5. – Hervorhebungen im Original. Als Beleg für das eiserne Buch von Bolkenhain führt Wattenbach die „Zeitschr. d. Vereins f. Schles. Gesch. XI, 348, 358“ an.

26 WStLA, HAU 5516; ausführliches Regest in: QGStW II/4, 5516; die Urkunde und das Regest jetzt auch online zugänglich im virtuellen Urkundenarchiv unter www.monasterium.net. Vgl. auch oben Anm. 16 sowie unten S. 139 *Abb. 2–5*.

Eysnen Statbůch begriffen were [...] (es folgt die geltend gemachte Bestimmung) – [...] *Vnd wer darumb nach Cristi geburd* [...] [am 22. März 1351] [...] *in das Eysneinbuch geschriben, das es in der Stat hanntuest nit geschriben stuend, getrauet darauf vnnser Eysneinsbuch wurde pillich gehört, wir auch gehört haben, vnd ob deshalb Im icht weisung not sein wurde, erpat er sich die furzubringen, doch überflüssiger weisung nicht verphlichtund* [...].

Die angezogene Rechtsbestimmung findet sich tatsächlich auf fol. 19v des *Eisenbuchs*.[27] Auch dort heißt es: [...] *und ist in ditz puech geschriben, darumb daz es in der stat hantveste nicht gescriben stet*.[28] Der Stadtrat hat also aus eigenem eine Bestimmung geschaffen, die in der Stadthandfeste – gemeint ist das Stadtrechtsprivileg Albrechts II. von 1340 – nicht enthalten war, und hat sie deshalb in das Buch eintragen lassen. 143 Jahre später hat sich der zu diesem Zeitpunkt Beklagte auf Grund der Eintragung auf diese Bestimmung berufen können. Er berief sich auf das Eiserne Stadtbuch (*Eysnen Statbůch*) bzw. Eiserne Buch (*Eysneinbuch, Eysneinsbuch*). Trotz Zusammenschreibung wird *eysnein* wohl als *eisern* und nicht als *Eisen-* aufzufassen sein, die Abschleifung vom – ursprünglich – Eisernen Buch zum Eisenbuch wird im Laufe der Zeit erfolgt sein. Was kann das also bedeuten?

Das Grimm'sche Wörterbuch – das hier exemplarisch herangezogen werden soll – weist für *eisen* nach zwei Stichworten, die mit „Eis" zusammenhängen, Bedeutungen im Zusammenhang mit dem Metall aus. Dabei kommt nach dem Metall selbst gleich: *„härte, festigkeit, dauer, schwere des* eisens" in substantivischer Verwendung.[29] Nach einer Reihe von Bedeutungen, die kaum in Frage kommen, folgt *„fessel, kette"*.[30] Zur adjektivischen Bedeutung von *eisen* wird ausgeführt: *„ferreus, sollte den buchstaben nach bedeuten von* eis, *nicht von* eisen, *welches* eisenen, *mhd.* îsenîn, îsnîn *oder* eisern, *goth.* eisarneins, *ahd.* îsarnîn, *mhd.* îserîn *forderte.* eisen *ferreus gleicht also dem* eislein, eischen *für* eisenlein, eisenchen. *der fehler ist aber uralt* [...]" – wir finden hier also die Auffassung, *eysnein* sei ein Adjektiv, voll bestätigt. Nochmals bestätigt wird das unter den Stichworten *„EISENEN, ferreus, die organische, dem ahd.* îsanîn, *mhd.* îsenîn *entsprechende form*" und *„EISENEIN, ferreus, mhd.* Îsenîn". An weiteren von der Bedeutung her in Frage kommenden Einträgen finden sich:

EISENFEST, perdurus: eine eisenfeste tugend.

EISENHART, ferreae duritiae: ein eisenhartes herz, eisenharter mann.

Ähnlich wird unter *eisern* nach der eigentlichen wörtlichen Bedeutung ausgeführt: *„noch häufiger sind andere bildliche anwendungen, wo* eisern *für hart, fest,*

[27] Csendes, Rechtsquellen, 127 f.: „Der Stadtrat trifft Bestimmungen über das Anrecht auf Heimsteuer und Morgengabe sowie deren Einklagbarkeit"; Opll, Eisenbuch, 24.

[28] Csendes, ebd.

[29] Gliederung 1) b); Benützt wurde die online-Ausgabe: Grimm – Grimm, Wörterbuch, unter http://germazope.uni-trier.de/Projects/DWB.

[30] Ebd., Gliederung 2) f).

unerbittlich steht;"[31] weiters wird festgehalten: „eisern machen *heiszt so viel als fest machen gegen schwert und kugel, gegen hieb und schusz, oder auch gegen gift, sonst* gefroren machen, *woraus sich wieder zusammenhang zwischen* eisen *und* eis *ergibt.*"[32]

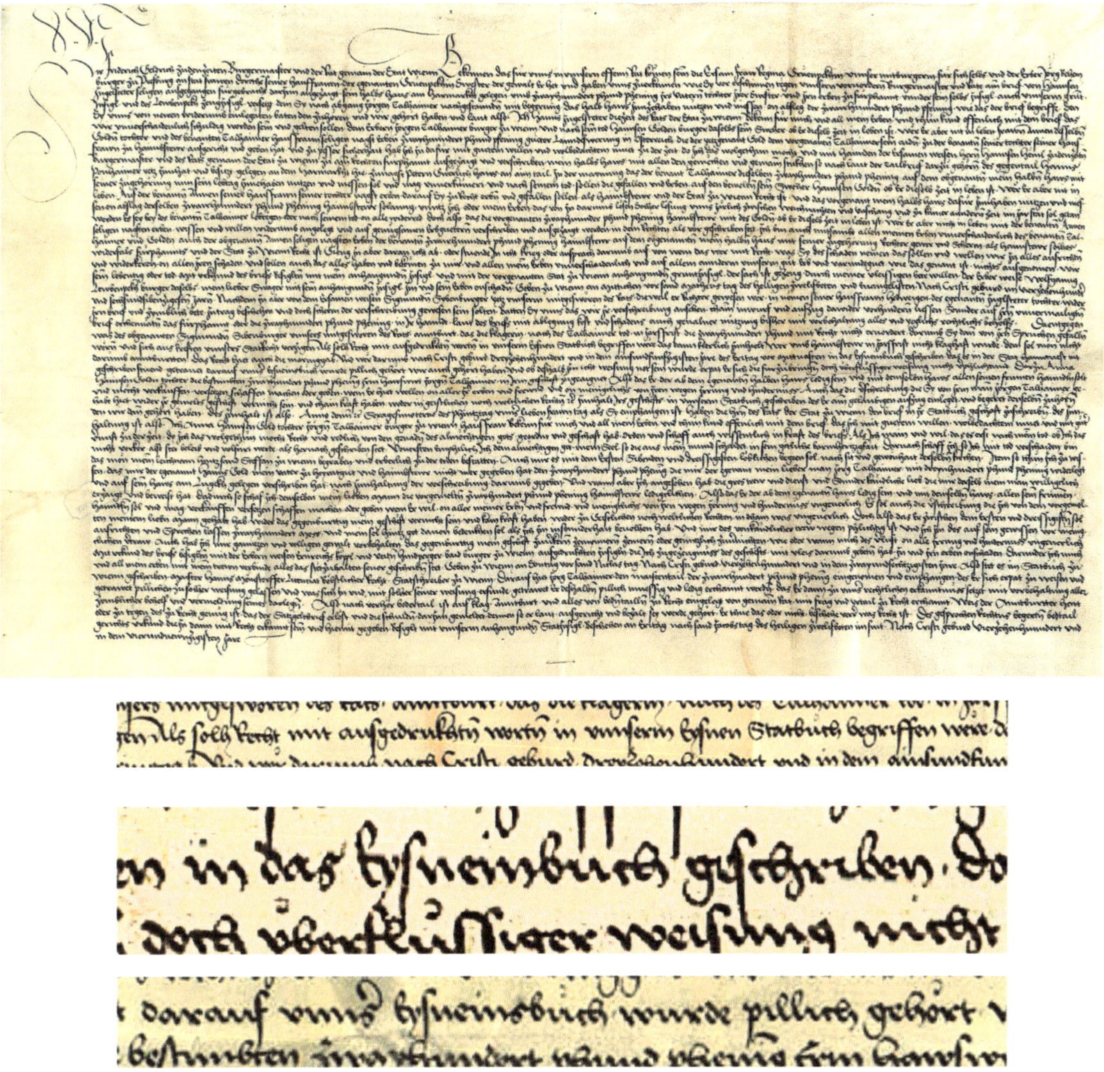

Abb.2-5: WStLA, Hauptarchiv-Urkunde Nr. 5516 vom 29. Juli 1494 mit drei Nennungen des Eisenbuchs (www.monasterium.net)

[31] Ebd., Gliederung 2).
[32] Ebd., Gliederung 3).

Sucht man also ein passendes Bedeutungsfeld, wird man *Fessel* und *Kette* eher beiseite lassen – es ist nicht davon auszugehen, dass man eine (Selbst-)Beschränkung durch das Buch zum Ausdruck bringen wollte. Hingegen wird man die Bedeutungen *Härte, Festigkeit, Dauer, Schwere des Eisens*, weiters *eisenfest, hart, fest, unerbittlich*, aber auch *fest machen gegen einen Angriff* in Betracht ziehen müssen. Was soll bzw. will das Eisenbuch denn sein bzw. leisten? Der Bericht über die Bewilligung oder Anordnung durch Friedrich den Schönen, dass die Wiener Bürger zur Sicherung ihrer Rechte ein Stadtbuch anlegen dürfen und sollen, beschreibt den Zweck und die Absicht, die hinter diesem Buch stehen, ganz genau – egal, wie man den Bericht selbst aus diplomatischer Sicht bewertet:

> [...] *Do beriten wir uns mit unsern lanthern und auch mit in selben, wie wir in daz bestetigeten und bevestigeten also, daz di recht, der si von unsern gnaden gerten, mit samt den rechten, di si emaln von uns und von unsern vordern gehabt habent,* stæt und unzerbrochin *beliben. Do verdacht wir uns des mit unserm rat und auch mit in selben,* daz si ein recht pûch solten haben *und daran schreiben alle die recht, di si mit gemainem rat und pei dem aide, den si uns gesworn habent, erfunden,* stet und unzerbrochen furbaz ewichlich *behalten sollten, dem armen al dem reichen. Und dazselbe pûch habe wir in gegeben* zu ainer ewigen vestigunge *aller der rechten, di daran geschriben stent und noch geschriben werdent, versigelt mit ir stat insigel,* [...] *Wir wellen und gepieten auch vestichlichen,* daz gegen den rechten, *di in disem puch geschriben stent und noch daran geschriben werdent,* nieman icht spreche, noch mit dehainen sachen do wider rede [...][33]

Die Rechte der Stadt sollen auf ewig beständig und ungebrochen bleiben, durch das Buch werden sie (auch gegen Angriffe) gefestigt, ja, niemand darf die Eintragungen bezweifeln. Das eben herausgearbeitete Bedeutungsfeld von *eise(r)n* bringt genau die Beständigkeit, Unverbrüchlichkeit und Unangreifbarkeit zum Ausdruck. Kurz – um es mit einer umgangssprachlichen Floskel zu illustrieren: „Was da drinnen steht, das hält *eisern*".

Um die Vermutung der skizzierten Bedeutung zu untermauern, ist festzustellen, ob der Begriff *eisen/eisern* auch sonst in ähnlicher Weise gebraucht wurde. Da aus Zeitgründen eine umfassende, systematische Untersuchung nicht möglich war – das gilt im Übrigen für die gesamte vorliegende Arbeit –, konnte auch hier wieder nur exemplarisch vorgegangen werden.

Tatsächlich finden sich im Deutschen Rechtswörterbuch[34] einige wenige Belege. So werden unter dem Stichwort „eisen (I)" mit der Bedeutung „eisern" zwei Stellen für eiserne Pfänder – hier wohl im Sinne von beständig – aus den österreichischen Weistümern angeführt. Im Banntaiding zu Strasshofen, südöstlich von Wartmannstetten, heißt es 1499:

33 Nach CSENDES, Rechtsquellen, 107 (Nr. 19) (Hervorhebungen durch den Autor).
34 DRW; verwendet nach der online-Ausgabe unter: www.deutsches-rechtswoerterbuch.de.

Hat er aber nicht gelt in zu bezallen, so sol er im antwurten phant, die sullen ligen auf den grunten. Sind das essunde phant, die sullen sten nach irem rechten an dem dritten tag, sind das aber schreinphant drei vierzehen tag, eisnene phant *jar und tag.*[35]

Einige Jahrzehnte später heißt es im Banntaiding zu Währing 1573:

Und ob ainer sich pfenten wurd lassen und geb ainem eisene oder silberne pfant, *wie die pfant genant wärn, so sollen dieselbigen phant hinz dem richter beleiben nach aigens gerechtigkeit.*[36]

Unter „eisen (II)" führt das Deutsche Rechtswörterbuch die Erklärung „eisene Brief" und „Moratorium" an. Neben anderen wird auch auf zwei Belege aus Niederösterreich verwiesen, auf den Text der Niederösterreichischen Landtafel oder Landesordnung von 1573[37] und den Strein-Linsmairschen Entwurf des niederösterreichischen Landrechts von 1599,[38] beide in der Fassung der Sammlung Chorinsky. Zum Stichwort „Eisenbrief" wird auf eine Belegstelle im Codex juris Bavarici judiciarii de anno 1753 (XVIII § 12) verwiesen. Der Begriff zielt hier auf die Stärkung bzw. Unangreifbarmachung des Schuldners gegenüber seinen Gläubigern ab.

„Eisengeld (I)" als „Gebühr für Gefangensetzung" wird in unserem Zusammenhang weniger in Frage kommen, „Eisengeld (II)" als „ewiger Zins" und mit Verweis auf „Eisengült" als „ewige Abgabe" schon eher.[39] Schmeller erklärt die Eisengült als „Gült, die unveränderlich und ohne Nachlaß entrichtet werden muß, [...]. Ähnlich ist die Eisenkue; s. immer."[40] Dort erläutert er dann unter anderem: „Die Immer-Kue, das Immer-Rind, (metonym.) das vertragsmäßig immerfort bestehende Recht auf den Nutzen oder Werth einer Kuh, eines Rindes; eiserne Kuh."[41] Ähnliche Erklärungen gibt das Deutsche Rechtswörterbuch auch zu „eisern (I 1)":

„Erklärung: eisernes Vieh, beständiges Vieh, ewige Viehrente, dauernde Verpflichtung zum Halten bestimmter Tiere und zur Leistung von Abgaben; erst

35 Winter (Hg.), Weisthümer, I, 232–237, hier 235 (Hervorhebung durch den Autor).

36 Ebd., 834–855, hier 855 (Hervorhebung durch den Autor). – Eine dritte im DRW angeführte Belegstelle aus Band 8 der Österr. Weistümer beruht auf einem Irrtum, hier ist von einem eisernen Band die Rede, in das jemand gelegt werden soll.

37 Sammlung Chorinsky, Bd. 7 und 8: Landtafel oder Landesordnung des Erzherzogthums Österreich unter der Enns. 1573. Im Band 8, 128 f., wird geregelt wie ein unverschuldet in Not geratener Schuldner zu einem Zahlungsaufschub gelangen kann: *Sonsten wo derlei unfall oder gleichmessige billiche ursachen nit verhanden, solle hiemit alle eisene brief, moratori-freihaiten freibrief gelait bevelch und was dergleichen sein mag hinfurahn aufgehebt* [...] *werden.*

38 Diese Belegstelle konnte in der zur Verfügung stehenden Zeit in der sehr umfangreichen und nicht sehr leicht zu überschauenden Sammlung Chorinsky nicht eruiert werden. In Band 13: Aus des Reichart Strein, Herrn von Schwarzenau, Entwurf einer Landhandfeste des Erzh. Oesterr. u. d. Enns, war sie nicht zu finden (der Band bietet lediglich ein ausführliches Inhaltsverzeichnis).

39 DRW.

40 Schmeller, Bayerisches Wörterbuch, 1. Bd., Col. 163.

41 Ebd., Col. 76.

als Recht von Kirchen, dann (Wucher)geschäft unter Laien; schließlich Viehverstellung, bei der der Pächter den ganzen Nutzen und die ganze Gefahr hat, also bei Pachtauflösung Vieh in gleicher Zahl und Wert zurückzustellen hat.“ [42]

Nach diesen beispielhaft angeführten Stellen aus dem Deutschen Rechtswörterbuch noch ein Beispiel aus dem Bereich der Konversationslexika:

„Eisern hieß im alten deutschen Recht ein Vertrag, durch den ein dauernder Zustand od. ein unabänderliches Verhältnis geschaffen wird. E.-Kapital, das weder vom Gläubiger noch vom Schuldner gekündigt werden kann. E.-Viehvertrag, demzufolge der Pächter eines Gutes das Vieh zu einem bestimmten Schätzungswert übernimmt, wogegen er bei Lösung des Pachtverhältnisses die gleiche Zahl gleichen Viehs stellen muß („E. Vieh stirbt nie“) [...].“[43]

Hier findet sich *eise(r)n* wie beim eisernen Pfand wieder im Sinne von ewig, beständig verwendet.

Schließlich sei noch auf eine letzte Stelle im Deutschen Rechtswörterbuch verwiesen: Tatsächlich findet sich dort auch der Eintrag „Eisenbuch“[44] mit einem etwas entlegenen Textbeleg, der sich auch tatsächlich auf den hier besprochenen Kodex bezieht, ohne dass das im Lexikon selbst erkennbar wäre. Es heißt dort zur Belegstelle: „Datierung: 1731 Fundstelle: Hüttner,TacHyp. II Stück 31“, was dann im Quellenverzeichnis aufgelöst wird: „Hüttner, Tacitae Hypothecae, Teil 1 und 2. Teil der Sammlung Chorinsky (= Chorinsky), handschriftlich in Wien (Hofbibliothek, Univ.-Bibliothek, Jurist. Seminar u.a.).“ Tatsächlich enthält die Sammlung Chorinsky zwei Bände „Zur Reform der stillschweigenden Hypotheken. ... Aus Hüttners Sammlung Band XI, k. k. Statthaltereiarchiv“.[45] Im zweiten dieser Bände ist ab Seite 45 unter Nr. 31 ein mehrere hundert Seiten langer *Bericht der n.ö. Regierung nach Hof vom 10. April 1731 die bei den tacitis et legalibus hypothecis künftig etwa einzuführende Vormerkung und was deme anhängig betreffend* eingetragen. Darin heißt es bei der Erörterung von im Zusammenhang mit Fideikommissen zu treffenden Maßnahmen:

2do wäre zu verordnen, das bey dem landmarschall. Gericht alle de praeterito, et futuro [489b] *vorkommende fideicommissa in das allda befindliche landtangedenckbuch, und zwar, nicht wie es bishero geschehen, ad arbitrium dessen was jedweder will sonderen alle und jede per extendum eingetragen werden sollen,* ad normam des bey denen von Wienn vor alters üblich gewesten sogenannten eysenbuchs, wo rein alle testamenta, da man selbe noch in originali hinaus zu geben gepflogen hat, ausführlich eingetragen worden; *beynebens solle 3^tio^*

[42] DRW.

[43] Herders Konversations-Lexikon, 3. Aufl. 2. Band, Col. 1738.

[44] DRW (Anm. 34).

[45] Sammlung Chorinsky, Bd. 59 und 60: Zur Reform der stillschweigenden Hypotheken. [I. bzw. II. Theil.] Aus Hüttners Sammlung Band XI, k. k. Statthaltereiarchiv.

> *bey allen grundbücheren und zuforderist bey dem landmarschallischen gericht ein ordentliches fideicommissbuch geführet* [...] *werden.*[46]

Diese – späte – Textstelle ist insofern problematisch, als im hier besprochenen Eisenbuch kein einziges Testament enthalten ist. Wollte man die Aussage der n.ö. Regierung daher für bare Münze nehmen, müsste sich die Bezeichnung *eysenbuch* hier auf die so genannten Geschäft- oder Testamentenbücher[47] – richtiger „Stadtbücher"[48] – beziehen. Auf Grund des Umstands, dass diese Textstelle die einzige ist, in der eine derartige Verbindung nahegelegt wird, und überhaupt keine Tradition welcher Art immer in dieser Richtung besteht, halte ich das für ausgeschlossen. Ich gehe davon aus, dass hier ein Irrtum, eine Verwechslung der Bezeichnungen vorliegt und das Wort *eysenbuch* hier fälschlich anstelle von Stadt-, Geschäft- oder Testamentenbuch verwendet wurde.

Der Zweck meines lexikalischen Exkurses war, zu zeigen, ob *eisen, eisern, Eisen-* in einem übertragenen Sinne in rechtlichem Kontext vorkommen kann. Das ist nunmehr eindeutig mit „ja" zu beantworten. Damit sehe ich keinen Grund mehr, der These von der Benennung des Eisenbuchs nach seinen Metallbeschlägen nicht eine zweite These entgegenzustellen: Das Eisenbuch heißt so, weil es die Rechte der Stadt auf ewig und unverbrüchlich sichert, weil seine Eintragungen als authentisch gelten und nicht bezweifelt werden dürfen, weil es eben ein *Eisernes Buch* im übertragenen Sinne ist. Ich habe bereits oben festgehalten, dass beide Thesen nicht bewiesen werden können. Ob die meine daher „eisern hält", wird sich zeigen.

46 Sammlung Chorinsky, Bd. 60, 357 (Hervorhebung durch den Autor; der im Text enthaltene Folienvermerk „[489b]" dürfte auf einen Seitenwechsel in Hüttners Handschrift verweisen, die großteils Abschriften enthält und im NÖ. Landesarchiv zu suchen wäre).

47 WStLA, Hs. A 285/1–4.

48 Brauneder – Jaritz (Hg.), Stadtbücher, Teil 1, 7 und 9.

DAS WIENER EISENBUCH

Zum Quellentypus und den im Zuge der Restaurierung neu gewonnenen Erkenntnissen

Ferdinand Opll

Die Stadt Wien führte – nicht anders als zahlreiche andere mittelalterliche Städte des deutschen Sprachraums und Reichsgebietes – nachweisbar seit der Zeit um 1300 Stadtbücher. Dieses Phänomen fügt sich aufs beste zur Entwicklung einer eigenen städtischen Verwaltung, damit zu einer Reihe weiterer Beobachtungen, die in ebendieser Epoche in genau dieselbe Richtung weisen. Anzuführen sind dabei insbesondere das seit dem Jahr 1282 nachweisbare Amt des Wiener Bürgermeisters als hoher, ja höchster Ausdruck städtischer Verfassungsautonomie,[1] der Nachweis für einen eigenen Sitz der Stadtregierung und -verwaltung in einem Rathaus,[2] der älteste Hinweis auf die Führung eines städtischen Archivs durch einen Rückvermerk auf einem landesfürstlichen Privileg für die Stadt aus dem Jahre 1312[3] und eben das älteste Urbar des um die Mitte des 13. Jahrhunderts gegründeten Bürgerspitals aus der Zeit um 1300.[4]

Die Forschung, und hier insbesondere die Disziplinen der Rechts- wie der Stadtgeschichte, hat sich schon seit langem mit derartigen Überlieferungen beschäftigt, und noch heute bildet ein 1910, somit vor exakt 100 Jahren erschienener Beitrag des deutschen Rechtshistorikers Konrad Beyerle (1872–1933) eine wichtige Einführung in die Thematik.[5] Die definitorischen Ansätze Beyerles lauten folgendermaßen:

> „Stadtbücher sind in Buchform geordnete schriftliche Aufzeichnungen städtischer Behörden seit dem Mittelalter. Sie stehen im Gegensatz zur losen Aktenführung der Neuzeit wie zu der Einzelurkunde. Ihr Inhalt ist ein sehr mannigfaltiger. Er hat sich mit der Entwicklung des städtischen Kanzlei-

[1] Die älteste Nennung findet sich in einer im Österreichischen Staatsarchiv, Haus-, Hof- und Staatsarchiv, überlieferten Urkunde vom 22. August 1282, siehe QuGStW I/2, 98 Nr. 1521; vgl. dazu Czeike, Wien und seine Bürgermeister, 64–68, sowie Csendes – Opll (Hg.), Wien, Bd. 1, 113 f.

[2] Erstnennung in der Reimchronik des Ottokar aus der Geul zum Jahre 1288, siehe dazu: Opll, Nachrichten aus dem mittelalterlichen Wien, 55 f.; zum ersten Wiener Rathaus und seiner Lage gegenüber dem Pfarrhof in der Wollzeile vgl. Opll, Wiener Rathaus, 107–122.

[3] Es handelt sich dabei um das Niederlagsprivileg Herzog Friedrichs des Schönen vom 8. September 1312, QuGStW II/1, Nr. 53 (= Privileg 3), ed. Csendes (Hg.), Rechtsquellen, 104 Nr. 18; vgl. dazu Tschulk, Entwicklung des Wiener Stadtarchivs, 48.

[4] WStLA, Bürgerspital Dienstbuch A (um 1300); vgl. Lohrmann, Grundbücher, 11.

[5] Beyerle, Die deutschen Stadtbücher, 145–200.

wesens immer mehr differenziert. Für alle möglichen Zweige der städtischen Verwaltung und Rechtsprechung, aber auch für die Aufzeichnungen der Grundlagen jener Tätigkeiten, d. i. für das Stadtrecht selbst wurden Bücher angelegt. Eine Einengung des Stadtbücherbegriffs auf die ersteren Gruppen ist in weitem Umfange eingetreten, seit die Städte mit Erfindung des Buchdrucks ihr Recht und ihre Verfassung in gedruckten Gesetzbüchern herausgeben und dadurch, gegenüber dem geschriebenen Satzungsbuch, zu viel breiterer Öffentlichkeit ihres Rechtes gelangten.
Durch rechtliche Momente wird der Begriff Stadtbuch zusammengehalten. Wir werden daher eine von Rats wegen niedergeschriebene Stadtchronik nicht ein Stadtbuch nennen. Dagegen berechtigt nichts, in Buchform geführte Aufzeichnungen der Finanzverwaltung aus dem Begriffe Stadtbuch auszuscheiden."

So wichtig und so wertvoll diese grundsätzlichen Überlegungen bis heute auch sein mögen, sie sind doch zugleich einem äußerst schematischen, ja eher starren Ordnungsdenken verpflichtet, wie es für die ältere Forschung gar nicht selten ist. Wie wenig etwa der kategorische Ausschluss jeglicher chronikalischer Aufzeichnungen als denkbare Bestandteile eines „Stadtbuchs" trägt, das zeigt etwa am Beispiel des in der vorliegenden Publikation im Zentrum stehenden Wiener *Eisenbuchs*, des großen Wiener Stadtbuchs, auch die Eintragung über die Grundsteinlegung für den neuen Turm von St. Stephan zum 13. August 1450.[6]

Der gleichfalls von Konrad Beyerle gebotene Überblick über diejenigen der deutschen Städte, aus denen zur Zeit seiner Forschungen die Existenz von Stadtbüchern bekannt war, zugleich deren Charakterisierung als Statutenbücher, Bürgerlisten, Grundbücher, Aufzeichnungen über städtische Schulden, über Handelsgesellschaften, Kämmereibücher, d. h. Finanzaufzeichnungen usw., bieten gleichwohl auch heute noch wertvolle Anleitungen zum Verständnis sowie weiter führende Informationen.[7] Das lange Zeit vor allem von der rechtshistorischen Forschung geprägte Interesse an dieser so spezifischen Überlieferungsart hat keineswegs den Fortgang genommen, der sich zunächst im Gefolge von Beyerles Studie und einer Reihe von Editionen schon seit dem 19. Jahrhundert abzuzeichnen schien. Dazu tritt eine recht markante Konzentration auf den norddeutschen Raum, welche die einschlägige Forschung – von wenigen Ausnahmen (etwa Regensburg) abgesehen – dominiert.

Mit großer Dankbarkeit ist an dieser Stelle die Bereitschaft von Peter Johanek zu vermerken, dem Verfasser dieser Zeilen Einsicht in ein noch unpubliziertes Manuskript zum Thema „Geschichte und Perspektiven der Stadtbücherforschung in der Bundesrepublik Deutschland" zu gewähren. Diese Studie ist aus dem Kontext einer einschlägigen Tagung im tschechischen Ústí nad Labem/

6 Opll, Eisenbuch, 73; zur „Stadtbuchchronistik" in der Schweiz vgl. zuletzt Schmid, Geschichte im Dienst der Stadt.

7 Die Übersicht zur Überlieferung wird nunmehr für den nordostdeutschen Bereich an der Universität Halle fortgeführt, siehe dazu unten Anm. 10.

Aussig von 2008 erwachsen, deren Ergebnisse in allernächster Zeit zunächst in tschechischer Sprache vorliegen werden. Eine deutsche Publikation der Referate dieser Tagung soll in der Reihe „Städteforschung“ des Instituts für vergleichende Städtegeschichte in Münster/Westfalen erscheinen.

Ohne im Kontext des vorliegenden Resümees das Phänomen der Stadtbücher eingehender zu behandeln, lässt sich dank Johaneks Ausführungen doch zeigen, dass das Forschungsinteresse wieder in Fluss zu geraten scheint. Dabei ist auf einen erst 1994 – freilich an eher entlegener Stelle – veröffentlichten Beitrag über die Entwicklung der Stadtbuchforschung[8] ebenso zu verweisen wie darauf, dass Stadtbücher als Studienobjekte der Stadtsprachenforschung[9] an Beachtung gewonnen haben und heute zugleich sehr viel stärker als Monumente des städtischen „Gedächtnisses“ gesehen werden. Das von Konrad Beyerle 1910 geforderte ausführliche Verzeichnis der Stadtbücher wird in absehbarer Zeit zumindest für den Nordosten der Bundesrepublik Deutschland als Erbe der Stadtgeschichtsforschung der DDR auch zugänglich sein.[10]

Der Ausblick auf die Stadtbuchforschung als solche kann hier nicht weiter und in wünschenswerter Ausführlichkeit geboten werden, gleichwohl ist es höchst erfreulich, dass mit dem hier vorgelegten „Wiener“ Beitrag weit mehr als bloß die Dokumentation über eine wirklich erfreuliche Restaurierung geboten werden kann. Beginnend von den ältesten Hinweisen auf die Führung von Stadtbüchern in Magdeburg[11] und Lübeck[12] – der verlorene *liber civitatis* Lübecks reichte von 1227 bis 1284 – waren es insbesondere die Ostseestädte von Greifswald[13] über Stralsund,[14] Rostock[15] und Wismar[16] bis nach Kiel,[17] die dabei eine Art von – zumindest zeitlicher – Vorreiterrolle spielten. Knappe 50 Jahre nach Beyerles Aufsatz erschien mit der Abhandlung von Ernst Pitz über „Schrift- und Aktenwesen der städtischen Verwaltung im Spätmittelalter“ eine vergleichende Studie zu Köln, Nürnberg und Lübeck, die in der Stadtbuchforschung gleichfalls hohen Rang besitzt.[18]

8 Petter, Mittelalterliche Stadtbücher, 189–245.

9 Vgl. dazu neben Blume, Bibliographie, und Meier – Ziegler, Kanzleisprachenforschung, zuletzt die Hinweise auf den am 5. und 6. Oktober 2009 an der Universität Augsburg durchgeführte 27. Jahrestagung des Internationalen Arbeitskreises für Stadtsprachenforschung (siehe: http://www.philhist.uni augsburg.de/lehrstuehle/germanistik/sprachwissenschaft/aktuell/stadtsprachen_2009.html).

10 Siehe dazu die Hinweise auf das Projekt „Index Librorum Civitatum – Verzeichnis der Stadtbücher des Mittelalters und der Frühen Neuzeit“, das unter der Leitung von Andreas Ranft und Reinhard Kluge an der Universität Halle bearbeitet wird: http://www.geschichte.uni-halle.de/mitarbeiter/ranft/forschung/#anchor182408.

11 Johanek, Stadtbücherforschung, mit Hinweis auf eine Notiz in der Magdeburger Schöppenchronik zum Jahr 1215 (Chroniken der deutschen Städte, 7/1, 142).

12 Rehme, Lübecker Ober-Stadtbuch.

13 Poeck (Hg.), Greifswalder Stadtbuch (1291–1332).

14 Fabricius (Hg.), Stralsunder Stadtbuch (1270–1310); Francke (Hg.), Verfestungsbuch der Stadt Stralsund; Lietz – Reiter – Wehner (Hg.), Das zweite Stralsunder Stadtbuch (1310–1342), Tl. 1.

15 Schmidt (Hg.), Rostocker Stadtbuch 1270–1288.

16 Techen (Hg.), Das älteste Wismarsche Stadtbuch; Knabe – Düsing (Hg.), Das zweite Wismarsche Stadtbuch 1272–1297.

17 Lucht (Hg.), Das Kieler Stadtbuch.

18 Pitz, Schrift- und Aktenwesen.

Dass man neben dem nur wenig aussagekräftigen Begriff[19] „Stadtbuch“ bereits im Mittelalter terminologische Präzisierungen sonder Zahl vornahm, von Ämterbüchern, Baubüchern, Briefbüchern, Ediktbüchern, Eid- und Ordnungsbüchern, Rentenbüchern, Richterbüchern und vielem anderen mehr sprach, zeigt durchaus, wie man schon früh danach trachtete, diesen Aufzeichnungen in Buchform einen ihren (wesentlichen) Inhalt charakterisierenden Namen zu geben. Allerdings – und das macht es nicht immer einfach – kann keine Rede davon sein, dass man dann in systematischer Form an diesen Namen auch festgehalten hätte. Mehrfach treffen wir auf Bezeichnungen von Stadtbüchern, die ganz offenkundig von deren äußerer Erscheinungsform hergeleitet sind, wobei Benennungen nach Farben eine gar nicht geringe Rolle spielen. Von einem „Roten Buch“ wissen wir u. a. aus Bern, Chemnitz, Colmar, Dortmund, Duderstadt, Esslingen, Freiberg, Köln, Konstanz, Rostock, Rottweil, Ulm und Zürich, von einem „Schwarzen Buch“ aus Köln. Aus Regensburg sind neben einem „ältesten Stadtrechtsbuch“[20] ein „Schwarzes Stadtbuch“ für die Jahre 1339–1434[21] wie auch ein „Gelbes Stadtbuch“ vom Ende des 14. Jahrhunderts[22] erhalten. Diese „Farb“bezeichnungen leiten sich von den äußeren Merkmalen des ursprünglichen Einbands her, sind aber im Regelfall nicht als ursprünglich oder zeitgenössisch zu betrachten.[23]

* * *

Wie stellt sich nun die Stadtbuchüberlieferung in Wien unter Beachtung der schon vor 100 Jahren von Konrad Beyerle konstatierten inhaltlichen Vielfalt dar? Welche Art von Stadtbüchern steht hier am Anfang, und haben wir es überhaupt mit einer auch nur annähernd vollständigen Überlieferung zu tun?

Zunächst ist zu unterstreichen, dass auch für Wien die schon an zahlreichen Vergleichsbeispielen getroffene Beobachtung einer äußerst großen inhaltlichen Vielfalt gilt. Der Begriff *statpuech* wird also höchst vielfältig verwendet: Er kommt für die gesamte inhaltliche Breite von Aufzeichnungen des Wiener Stadtrechts zur Anwendung, von der Kodifizierung der im Mittelalter mit dem Namen *gescheft* bezeichneten bürgerlichen Verfügungen über das Erbe oder auch von Verwandtschaftsnachweisen,[24] über die Erfassung von Rechtsvorschriften für Handwerk und Gewerbe bis hin zu – vielleicht am besten als „allgemein“ zu bezeichnenden Stadtbüchern, die der Aufzeichnung wichtiger Privilegien des Stadtherrn, aber auch unzähliger anderer, aus der Sicht der Zeitgenossen eben „wichtiger“ Rechtsgeschäfte, etwa grundbuchartiger Aufzeichnungen, dienten.

19 Zum Folgenden vgl. Beyerle, Die deutschen Stadtbücher, sowie künftig Johanek, Stadtbücherforschung.
20 Kurschel, Das „Älteste Stadtrechtsbuch“ der Reichsstadt Regensburg.
21 Kropač, Das „Schwarze Stadtbuch“ der Reichsstadt Regensburg.
22 Engelke, Das „Gelbe Stadtbuch“ der Stadt Regensburg.
23 Zur Benennung des Eisenbuches siehe in diesem Buch die Ausführungen von Fischer, S. 133 ff.
24 Damit wesentliche Bereiche des Zivilrechts.

Dabei ging es kaum um eine besondere, gar kategorisch durchgehaltene Systematik des Inhalts, und so finden sich etwa Eide städtischer Amtsträger nicht nur im Wiener *Eisenbuch,*[25] sondern genauso im Handwerksordnungsbuch.[26]

Erhalten geblieben sind für Wien im städtischen Archiv[27] unter Zugrundlegung des weiten Stadtbuchbegriffs bei Konrad Beyerle die folgenden mittelalterlichen Stadtbücher:

1. das Urbar des Wiener Bürgerspitals aus der Zeit um 1300;[28]
2. das *Eisenbuch*, angelegt bald nach 1320 und geführt bis 1819, das im Zentrum dieser Publikation steht;
3. die ab 1368 von der Stadt Wien geführten städtischen Grundbücher;[29]
4. drei Stadtrechtsbücher aus der Zeit um 1400 bzw. aus dem 15. Jahrhundert, darunter eines, das erst in den 1990er Jahren erworben werden konnte;[30]
5. drei Bände der „Geschäftsbücher" mit bürgerlichen Testamenten und Verwandtschaftsnachweisen aus den Jahren 1395–1405, 1405–1419 und 1419–1430;[31]
6. das so genannte „Gültenbuch", das auf einen Entschluss des Rates, des Bürgermeisters, des Stadtrichters und der beiden städtischen Kämmerer vom 11. November 1418 zurückgeht und die *zins, dinst, gült, renten und güter, die die stat ze Wienn* hat, in einem Buch verzeichnet; es wurde während des ganzen 15. Jahrhunderts weitergeführt;[32]

25 Etwa die Eide von Brückenmeistern von 1460, 1461, 1462, 1464, 1466, OPLL, Eisenbuch, 81–83.

26 Zum Handwerksordnungsbuch vgl. Archivalien aus acht Jahrhunderten, 17 Nr. 9 (mit dem falschen Hinweis auf das Ende der Eintragungen im Jahre 1533; siehe dazu unten Anm. 40), MAYER, Handschriften, 16 Nr. A 97/1. – Seit den 1990er Jahren ist eine inhaltliche Erfassung der Handschrift durch Peter Csendes und den Herausgeber der vorliegenden Publikation in Vorbereitung, und es liegen dazu schon weit gediehene Vorbereitungen vor. Schon seit längerem ist der Inhalt dieser Handschrift durch ein ausführliches Register erschlossen, das in den 1990er Jahren angelegt worden ist (WStLA, Hs. A 97/3). An einschlägigen Arbeiten zum Handwerksordnungsbuch vgl. FEIL, Beiträge, sowie ZATSCHEK, Handwerksordnungen. – Für unseren Zusammenhang ist auf Eide von Urteilsschreibern, der Ratsherren, der Ballenbinder, des Hansgrafen aus der Zeit Friedrichs III. usw. hinzuweisen, siehe dazu Handwerksordnungsbuch, fol. A0, fol. A1r–v.

27 Außerhalb desselben liegen freilich ebensolche Überlieferungen vor, wie etwa auch die Übersicht bei CSENDES (Hg.), Rechtsquellen, 21 f., zeigt. Zu einer aus dem Raum Wien stammenden, im letzten Viertel des 14. Jahrhunderts (1375?) angelegten Handschrift der Regensburger Stadtbibliothek (heute: Bayerische Staatsbibliothek, München, Signatur: Cgm 1113), deren erster Teil (fol. 1r–42v) zum überwiegenden Teil mit dem Inhalt des Eisenbuchs übereinstimmt, vgl. SCHNEIDER, Die deutschen Handschriften der Bayerischen Staatsbibliothek München, 85 ff. (Den Hinweis auf diese Publikation verdanke ich Alois Haidinger).

28 Archivalien aus acht Jahrhunderten, 26 Nr. 28.

29 LOHRMANN, Grundbücher.

30 MAYER, Handschriften, 3 Nr. A 3 und 4; Archivalien aus acht Jahrhunderten, 13 Nr. 2; zu dem jüngsten Erwerb, der zwischen 1370 und 1417 zu datieren ist, vgl. CSENDES, Handschrift, 19–28.

31 MAYER, Handschriften, 33 Nr. A 285/1–4; Archivalien aus acht Jahrhunderten, 18 Nr. 10. – Die Geschäftsbücher (auch: Geschäftebücher) haben nicht zuletzt wegen ihres rechtshistorischen wie sozialgeschichtlichen und zugleich kulturhistorischen Wertes in den letzten zwei Jahrzehnten das besondere Interesse der Forschung gefunden, vgl. dazu die bislang vorliegenden Editionen, die unter Beibehaltung des ursprünglichen Quellenbegriffs „Stadtbücher" erschienen sind: BRAUNEDER – JARITZ (Hg.), Die Wiener Stadtbücher. Bd. 1; BRAUNEDER – JARITZ – NESCHWARA (Hg.), Die Wiener Stadtbücher. Bd. 2; JARITZ – NESCHWARA (Hg.), Die Wiener Stadtbücher. Bd. 3, und JARITZ – NESCHWARA (Hg.), Die Wiener Stadtbücher. Bd. 4.

32 MAYER, Handschriften, 33 Nr. A 286; Archivalien aus acht Jahrhunderten, 22 Nr. 19. – Das Gültenbuch ist ediert von CAMESINA, in: Notizenblatt 4/17 (1854), 395–400, und 4/19 (1854), 437–444.

7. die städtischen Rechnungsbücher, genannt „Kammeramtsrechnungen". Die ältesten für Wien überlieferten städtischen Rechnungen (1368 bis 1385) finden sich in einer Sammelhandschrift der Österreichischen Nationalbibliothek, die auch eine Liste der in Wien tätigen Fütterer von 1403 sowie Abschriften zweier Urkunden umfasst, und zwar des landesfürstlichen Privilegs für die Fütterer aus dem Jahr 1368 und die Beurkundung eines vom Wiener Bürgermeister beurkundeten Darlehens an die Herren von Pellendorf von 1394.[33] Sie wurde von dem bedeutenden Erforscher der mittelalterlichen Geschichte Wiens, Johann Evangelist Schlager (1786–1852),[34] 1831 aus der Verlassenschaft des Apothekers Moser bei dem Buchhändler Zehetmayer erworben. Schlager selbst charakterisierte deren hohe Bedeutung durch die persönlich am 1. Mai 1840 in die Handschrift (fol. 1r) eingetragene Bemerkung: *Von dem grössten Werth für die Geschichte des Wiener Gemeinde-Wesens und bisher unbenützt.* Offenkundig nach Schlagers Ableben kam sie in den Besitz Joseph Feils (1811–1861),[35] eines der maßgeblichen Initiatoren des Wiener Geschichtsvereines (Alterthums-Verein zu Wien, gegründet 1853). Durch Joseph Chmel (1798–1858),[36] Historiker und Archivar sowie Mitglied der 1847 gegründeten Akademie der Wissenschaften, wurde der – damals noch in Feils Besitz befindliche – Codex 1855 publiziert und damit der Forschung zur Verfügung gestellt. Die Handschrift gelangte später an die Hofbibliothek, die heutige Nationalbibliothek.[37] Zu den Jahren 1396/97 sind im ersten erhaltenen Band des „Testamenten- bzw. Geschäftsbuchs" noch zwei Einzelrechnungen überliefert, der von Schlager[38] mit 1422 datierte Beginn der im Stadtarchiv überlieferten Rechnungsbücher ist heutzutage nicht mehr zu verifi-

33 Handschriftensammlung der Österreichischen Nationalbibliothek, cvp. 14.234 (Für die Möglichkeit einer Einsichtnahme am 4. Februar 2010 danke ich Andreas Fingernagel vielmals.): Enthält städtische Rechnungen für die Jahrgänge 1368 (darunter auf fol. 5r: Einnahmen für das *fueter recht,* die sich wohl auf die Ausstellung der entsprechenden Handwerksordnung vom 12. August 1368 beziehen, siehe dazu Handwerksordnungsbuch, WStLA, Hs. A 97/1, fol. 58r–v; bei Opll, Eisenbuch, 36 heißt es irrig, die von der Stadt ausgestellte Handwerksordnung für die Fütterer stamme vom 7. August 1368), 1369, 1370, 1375, 1376, 1377, 1378, 1379, 1380, 1381, 1384 und 1385 (fol. 1r–45r); auf fol. 47r–55v folgt ein Verzeichnis der in Wien tätigen Fütterer aus dem Jahr 1403; auf fol. 56v–58v schließlich findet sich eine Abschrift des im WStLA im Original und auch in einer Abschrift im Eisenbuch (fol. 71v–72r, vgl. Opll, Eisenbuch, 36) überlieferten Privilegs der Herzöge Albrecht III. und Leopold von 1368 August 7, Wien (QuGStW II/1, Nr. 734 = Privileg 16) für die Wiener Fütterer, auf fol. 60r (letzte Eintragung in dieser Handschrift) eine im WStLA nicht überlieferte Urkunde des Wiener Bürgermeisters Michael des Geukramer betreffs eines Darlehens an die Herren von Pellendorf von 1394 Juli 2, Wien. – Die Teile der Handschrift, welche Rechnungen und das Verzeichnis der Fütterer von 1403 enthalten, wurden von Chmel, in: Notizenblatt 5/14 (1855), 325–328, 5/15 (1855), 350–352, 5/16 (1855), 365–376 und 5/17 (1855), 391–400 ediert; die Urkunde von 1368 findet sich ebd. 5/15, 352, sowie 5/16, 365; eine Edition der Urkunde von 1394 liegt allerdings nicht vor.

34 Vgl. zu ihm Czeike, Lexikon, Bd. 5, 93.

35 Zu Feil vgl. Czeike, Lexikon, Bd. 2, 268 f.

36 Zu Chmel vgl. Czeike, Lexikon, Bd. 1, 569.

37 Vgl. dazu Brunner, Finanzen, 61–65, der die als Rechnungen zu qualifizierenden Teile der Handschrift auch in Regesten erfasst.

38 In dessen Notiz auf fol. 1r des in der ÖNB (cvp. 14.234) liegenden Codex.

zieren; die im WStLA vorhandene Serie beginnt mit dem Band für das Jahr 1424;[39]

8. das so genannte „Handwerksordnungsbuch“, das der Stadtschreiber Ulrich Hirssauer 1430 anlegte, wobei Ordnungen ab dem Jahre 1368 bis in die Mitte des 16. Jahrhunderts eingetragen wurden und ein letzter Vermerk von einer Bestätigung der 1517 von Kaiser Maximilian verliehenen Ordnung der Fischer durch Kaiser Leopold I. am 31. August 1661 zu berichten weiß;[40]
9. inwieweit man schließlich auch noch das im Wiener Stadt- und Landesarchiv nicht überlieferte, aber in Form von Editionen bei Franz Adam Kollar 1762[41] wie auch einer durch Hartmann Joseph Zeibig 1853 edierten Handschrift im Stiftsarchiv Klosterneuburg auf uns gekommene „Copey- bzw. Registraturbuch“ mit Urkundenabschriften zu den „Stadtbüchern“ zählen darf, kann im Kontext der vorliegenden Publikation nicht weiter untersucht werden, doch sei es – gleichsam der Vollständigkeit halber – hier angeführt.[42]

Dass es im Mittelalter – jedenfalls im 14. und 15. Jahrhundert – in Wien noch mehr Stadtbücher gegeben hat als die tatsächlich auf uns gekommenen, dafür sprechen eine ganze Reihe von Hinweisen in den überlieferten urkundlichen Quellen. Unzweifelhafte Belege sind insbesondere für die Existenz weiterer, über die bekannten aus den Jahrzehnten 1395 bis 1430 erhalten gebliebenen „Geschäftsbücher“ auf uns gekommen, allerdings ist nichts von diesen erhalten geblieben. Wenn etwa am 22. Mai 1372 in Wien eine Urkunde über die Vollziehung des „Geschäftes“ des Herrn Jacob des Reisenperger ausgestellt und dabei darauf hingewiesen wird, dass dies *ze einer gedechtnusse in der stat puch geschrieben stet*, so zeigt sich eindeutig, dass schon um diese Zeit solch ein „Geschäftsbuch“ existiert haben muss.[43] In weiterer Folge lassen sich zahlreiche Hinweise in städtischen Wiener Urkunden eruieren, die auf die Eintragung von Rechtsgeschäften ins „Stadtbuch“ Bezug nehmen.[44] Bisweilen ergibt sich aus dem Kon-

39 Archivalien aus acht Jahrhunderten, 23 Nr. 20.

40 Zum Handwerksordnungsbuch siehe schon oben Anm. 26. – Zu unterstreichen ist, dass es nach dem von Archivalien aus acht Jahrhunderten (wie oben Anm. 26) angeführten Ende der Eintragungen im Jahre 1533 bis 1555 noch weitere zwölf Eintragungen (fol. 184r–v: 1537 Juli 3; fol. 89v: 1537 --; fol. 124v: 1538 April 27; fol. 138r: 1542 April 13; fol. 74r: 1544 Juni 28; fol. 151v–152v: 1547 November 26; fol. 125r: 1550 November 27; fol. 138r–138v: 1551 März 7; fol. 42r–42v: 1551 März 17; fol. 104r: 1551 Juli 14; fol. 171v: 1552 September 19; fol. 12r: 1555 Juli 19) aufweist und auf fol. 197r mit dem Hinweis auf die Bestätigung durch Leopold I. 1661 sein chronologisches Ende findet.

41 Kollar, Analecta II, 827–1403: Diese Edition, welche als „Sylloge Diplomatum, litterarum, Actorum publicorum, quorum testimonio ac fide res Austriacæ, ab Imp. Friderico gestæ, …“ (ebd., 827) bezeichnet wird, enthält urkundliches Material von 1440 bis 1453 aus ganz verschiedenen Provenienzen; die überwiegend aus städtischer Überlieferung stammenden Stücke (838 Nr. III, 854 Nr. IX, 860 Nr. X, 865 Nr. XII [irrig: XIII], 872 Nr. XIV, 873–986 Nr. XV–XLVI, 991–1381 Nr. XLVIII–CXLVI) werden von Kollar als „Ex publicis Actorum Commentariis Civitatis Vindobon. Vol. I“ bezeichnet.

42 Zeibig (Hg.), Copey-Buch.

43 QuGStW II/1, Nr. 810.

44 Siehe dazu etwa QuGStW II/1, Nr. 932, 997, 1212, 1329, 1380, 1480, 1555 und 1826; weiters QuGStW II/2, Nr. 1956, 2042, 2045 usw. (alles prüfbar über das Glossar der QuGStW).

text, nämlich dem Zusammenhang mit Immobiliengeschäften, dass man hier vielleicht auch an Wiener Grundbücher zu denken hat.[45]

Und dass solche Stadtbücher auch die offizielle Anerkennung des Landesfürsten besaßen, zeigt etwa eine Urkunde vom 27. Jänner 1398, mit der die Herzöge Wilhelm und Albrecht IV. Bürgermeister, Rat und Gemeinde von Wien anwiesen, die von den Gebrüdern von Tierna vorgenommene Verpfändung ihres Hauses zu besiegeln und in das Stadtbuch zu schreiben.[46] Auch in anderen Städten war bekannt, dass in Wien „Stadtbücher" geführt wurden: So ersuchte die Stadt Krems mit Schreiben vom 15. Juli 1444 die Stadt Wien um die Anfertigung einer Abschrift der Schusterordnung aus ihrem Stadtbuch, womit hier das erst knapp anderthalb Jahrzehnte zuvor angelegte „Handwerksordnungsbuch" gemeint ist.[47]

Ebenfalls aus dem 15. Jahrhundert belegen Hinweise, dass wir auch noch nach 1430 von Verlusten von „Geschäftsbüchern" ausgehen müssen. Sehr schön zeigt dies eine am 25. September 1461 in Wien ausgestellte Urkunde des Jörg Hiltprant, des Sohnes des verstorbenen Andre Hiltprant von Meran, mit der er alle Geldschulden, die sein Vater gemäß seines in das Stadtbuch eingetragenen Geschäftes hinterlassen hat, seinem Bruder Heinrich Hiltprant, Bürger zu Wien, übergibt.[48] Da der in vielfältigen öffentlichen Funktionen in Wien tätige Andre Hiltprant 1449 verstorben war,[49] ist somit in jedem Fall noch um die Mitte des 15. Jahrhunderts die Führung so genannter „Geschäftsbücher" für Wien zu belegen.

Schließlich belegt der Vergleich mehrerer urkundlicher Hinweise auf Eintragungen bestimmter Rechtsgeschäfte, die keinen Zusammenhang mit bürgerlichen „Geschäften", Verwandtschaftsnachweisen o. ä aufweisen, bei denen es sich vielmehr um Urkunden fremder Provenienz und Aussteller handelte, dass es neben dem „großen Stadtbuch", dem *Eisenbuch*, offenkundig auch noch ein weiteres allgemeines Stadtbuch bzw. weitere allgemeine Stadtbücher gegeben haben muss.[50]

Der Dorsualvermerk auf dem Fischereipatent Maximilians I. von 1506, der wohl am prächtigsten ausgestatteten unter allen Urkunden des Wiener Stadt- und Landesarchivs, enthält neben dem Befehl, das Dokument ins Stadtbuch einzutragen – es findet sich dort auf fol. 194v–195r des *Eisenbuchs* – auch den

45 Vgl. etwa QuGStW II/1, Nr. 932 und 997.

46 QuGStW II/1, Nr. 1380.

47 QuGStW II/2, Nr. 3002. – Bei der Wiener Schusterordnung muss es sich um die am 19. Dezember 1422 ausgestellte handeln (Handwerksordnungsbuch, wie oben Anm. 20, fol. 20r–20v). – Auch die kaiserliche Bestätigung der Ordnung der Leinwanderzeche zu Wien, die Kaiser Friedrich III. am 11. August 1479 in Graz ausstellen ließ, nimmt ausdrücklich Bezug auf die Eintragung der Ordnung in das Wiener Stadtbuch (gemeint ist gleichfalls das „Handwerksordnungsbuch").

48 QuGStW II/3, Nr. 4001. – Noch am 27. Mai 1486 wurde im Übrigen ein Verwandtschaftsnachweis vom 9. Mai desselben Jahres in das „Stadtbuch" (= das damals geführte „Geschäftsbuch") eingetragen, vgl. QuGStW II/3, Nr. 5155.

49 Zu Andre Hiltprant vgl. Perger, Ratsbürger, 211 f. Nr. 278.

50 QuGStW II/3, Nr. 5440, 5495 und 5502. – Besonders eindrucksvoll ist dabei Nr. 5495 vom 14. September 1493: Darin heißt es bezüglich der durch den Rat erzielten Beilegung eines Streits zwischen einer Witwe und den Verwandten ihres verstorbenen Mannes im Indorsat: *Registrata in libro civitatis Wiennensis anno domini 1494 an eritag post exaltacionem Crucis* (= September 16), folio libri 37. – Im *Eisenbuch* wurde dieses Stück jedenfalls nicht eingetragen; in diesem findet sich auf fol. 37 die deutsche Fassung des Diploms Kaiser Friedrichs II. für die Stadt Wien aus dem April 1237, siehe dazu Opll, Eisenbuch, 17.

Hinweis: *auszug der vischer notturft nach hinauss zegeben*. Diese jüngsten Forschungen zum Fischereipatent[51] zu verdankenden Erkenntnisse und Einsichten zeigen in jedem Fall zweierlei: zum einen, dass unabhängig vom Verbleib des in der Hofkanzlei hergestellten Patents die Eintragung im Stadtbuch in jedem Fall die Authentizität garantierte und ein von der Stadt ausgefertigter Auszug die notwendige Beweiskraft hatte, zum anderen aber auch, dass unser *Eisenbuch* trotz mancher Hinweise auf andere parallel dazu geführte, aber verlorene Stadtbücher ganz offensichtlich auch weiterhin die allerhöchste Anerkennung genoss.

Die den zuletzt gemachten Ausführungen zugrunde liegende Durchsicht der Urkundenbestände des Wiener Stadt- und Landesarchivs ergibt somit entgegen älteren Auffassungen,[52] dass mit Ausnahme der zum Jahr 1494 belegten Benennung der im Mittelpunkt dieses Buches stehenden Handschrift als *unser Eysnen Stadtbuch*[53] und der Verwendung des Begriffs *gruntpuch* keinerlei Spezifikationen betreffs des im Einzelnen angeführten Stadtbuchs zu fassen sind. Ganz im Gegenteil: Der Begriff „Stadtbuch" wird vom ersten Beleg in den Originalurkunden des Stadtarchivs vom 22. Mai 1372 bis zum Ende des 15. Jahrhunderts für alle Arten von „in Buchform geordneten schriftlichen Aufzeichnungen städtischer Behörden"[54] verwendet. Zum weitaus überwiegenden Fall bezieht er sich auf Eintragungen in diejenigen Stadtbücher, die man gerne als „Geschäftsbücher" bezeichnet und die der schriftlichen Fixierung letztwilliger Verfügungen von Bürgern und Bürgerinnen sowie nicht selten auch der von Verwandtschaftsnachweisen dienten. Und bloß vom „Stadtbuch" ist genauso die Rede, wenn man sich in einer Urkunde auf die Eintragung einer Ordnung für ein bestimmtes Handwerk und Gewerbe bezieht und nur der inhaltliche Kontext klar macht, dass hier eben das „Handwerksordnungsbuch" gemeint ist.

Der zum Jahr 1494 belegte Name wie auch verschiedene ältere Bezeichnungen als das „große Stadtbuch" heben nun das Wiener *Eisenbuch* aus der gar nicht so

51 Hoffmann – Sonnlechner, Patent über das Fischereiwesen. – Ich danke Herr Kollegen Sonnlechner vielmals für die Möglichkeit, in die Arbeit bereits vor ihrer Veröffentlichung Einsicht zu nehmen.

52 Archivalien aus acht Jahrhunderten, 18 Nr. 10 (Ausführungen von Felix Czeike, siehe dazu im Vorwort dieser Publikation auf S. 9), spricht davon, dass die Geschäftsbücher in zeitgenössischen Urkunden verschiedentlich als „kleine Stadtbücher" bezeichnet werden, was unsere Durchsicht des Urkundenbestandes allerdings nicht bestätigt hat. Auch seine Auffassung (ebd., 12 Nr. 1), das *Eisenbuch* sei lange Zeit als „Großes Stadtbuch" (als Eigenbezeichnung zum Jahr 1434 belegt, vgl. Opll, Eisenbuch, 7 mit Anm. 3) bekannt gewesen und unter diesem Namen schon im Spätmittelalter urkundlich erwähnt worden, entbehrt eines Quellennachweises. Dagegen ist zu unterstreichen, dass der Begriff „Eisenbuch" nicht erst aus jüngerer Zeit stammt, sondern erstmals 1494 zu belegen ist, siehe dazu die folgende Anm.

53 In einem am 29. Juli 1494 von Bürgermeister Friedrich Geldreich und dem Rat der Stadt Wien ausgestellten Gerichtsbrief bezieht man sich ausdrücklich auf die im „eisernen Stadtbuch" (*in unnserm Eysnen Statbuch*, wobei zu unterstreichen ist, dass die Verwendung von Großbuchstaben sowohl bei *Eysnen* als auch bei *Statbuch* wohl eindeutig auf einen schon damals gängigen Namen weist); wenig später heißt es übrigens im Kontext der Nennung der Datierung der Ratsverfügung von 1351 in zusammengeschriebener Form *in das Eysneinbuch geschriben*) festgehaltene Eintragung einer Ratsverfügung über das Anrecht auf Heimsteuer und Morgengabe sowie deren Einklagbarkeit vom 22. März 1351, siehe dazu QuGStW II/4, Nr. 5516 (ein Foto jetzt auf: http://www.mom-ca.uni-koeln.de/MOM-CA/show_charterDetail_Action.do?id=451180&block_id=565&signatory=5516# (Status: 8. Februar 2010), sowie Opll, Eisenbuch, 7 mit Anm. 2.

54 So bei Beyerle, Die deutschen Stadtbücher, passim, und auch oben S. 45.

geringen Zahl an weiteren Wiener Stadtbüchern markant heraus, betonen letztlich seinen Rang und seine ganz außerordentliche Bedeutung. Nicht allein dies, sondern natürlich auch seine ganz besondere äußere Gestaltung mit prächtigem Einband mit Metallapplikationen (aus Messing, nicht aus Eisen!) und einer Reihe von künstlerisch durchaus beachtlichen Illuminationen geben sowohl dem verwahrenden Archiv wie auch der Wissenschaft ganz allgemein gleichsam den Auftrag, sich diesem Stück mit ganz besonderer Sorgfalt und Aufmerksamkeit zu widmen.

* * *

Das im Bestand „Handschriften" des Wiener Stadt- und Landesarchivs unter der Signatur A 1/1[55] verwahrte so genannte *Eisenbuch* stellt zwar nicht das älteste, seinem Inhalt nach aber eindeutig das bedeutendste unter den Wiener Stadtbüchern der mittelalterlichen Epoche dar.[56] Es reicht in chronologischer Hinsicht von dem als Insert einer Urkunde Herzog Albrechts III. aus dem Jahre 1373 überlieferten so genannten „Flandrenserprivileg" Leopolds VI. von 1208 und der Eintragung des Stadtrechtsprivilegs Kaiser Friedrichs II. für Wien aus dem April 1237[57] bis zum Vermerk betreffs eines Dekrets der allgemeinen Hofkammer am 14. Oktober 1819, umspannt damit seinem Inhalt nach knapp mehr als 600 Jahre Wiener Stadtgeschichte. Seine Anlage geht auf die auf fol. 1r–1v der Handschrift eingetragene, zum 21. Jänner 1320 datierte Erlaubnis König Friedrichs (des Schönen) für die Wiener Bürger zurück, sich ein „Rechtsbuch" anlegen zu dürfen. Wiewohl diese Erlaubnis niemals als eigenes Diplom existiert hat, sondern es sich dabei um eine Niederschrift betreffs einer mündlich ergangenen Entscheidung des Habsburgers handelt, zeigt der paläographische Befund dennoch, dass das *Eisenbuch* zwischen 1320 und 1340 angelegt wurde, „wobei der Zeitpunkt näher zu 1320 zu rücken ist".[58] Welch hoher Stellenwert dem Codex schon seit langem beigemessen wird, ergibt sich nicht nur aus seiner Neubindung 1487 wie seiner Restaurierung im Jahre 1705 und seiner Verwendung für Eintragungen bis zum Jahr 1819, sondern auch aus seiner Beachtung innerhalb der seit der zwei-

55 Mayer, Handschriften, 3.

56 Siehe dazu – neben der Auflistung der Überlieferung oben S. 149 ff. – auch den ersten Satz bei Demelius, Entstehung des Wiener Eisenbuches, 47–50, hier S. 47: „Das Wiener Eisenbuch ist das wichtigste, das ‚große' Stadtbuch von Wien."

57 Vgl. zum Insert des babenbergischen Privilegs Csendes (Hg.), Rechtsquellen, 28 Nr. 3 sowie 181 Nr. 36, sowie Opll, Eisenbuch, 17 und 39.

58 Zur Datierung vgl. zuletzt die überzeugenden Darlegungen bei Csendes (Hg.), Rechtsquellen, 19 ff. (mit Nennung der älteren Literatur) und jetzt auch zustimmend bei Haidinger, oben S. 11 ff. – Max Kratochwill, Direktor des Archivs von 1957 bis 1976, bzw. Felix Czeike, Direktor des Archivs von 1976 bis 1989, sind in ihren Darlegungen anlässlich der großen Archivalienausstellung im Historischen Museum der Stadt Wien an der Jahreswende 1964/65 noch der älteren Literatur gefolgt, welche die Entstehung des Codex auf die Zeit um 1350 datiert hat, vgl. dazu: Archivalien aus acht Jahrhunderten, 12 f. Nr. 1. – Entscheidende Erkenntnisse über Entstehung, Anlage und Entwicklung unserer Handschrift haben die in den Jahren 2008–2010 durchgeführten Untersuchungen aus paläographischer, kodikologischer, kunsthistorischer und restaurierungstechnischer Sicht erbracht, welche im vorliegenden Band der Öffentlichkeit vorgelegt werden.

ten Hälfte des 19. Jahrhunderts aufblühenden Wiener Stadtgeschichtsforschung. Zuletzt – und mit dieser Zeitangabe ist jedenfalls die Epoche ab etwa den 1970er Jahren gemeint – war allerdings augenscheinlich, dass sein Erhaltungszustand sehr gelitten hatte und keinesfalls mehr den gegebenen Ansprüchen an solch ein historisches Dokument genügen konnte. Dieser Zustand führte dann bald nach 1989 zu dem Entschluss, den Buchblock aus dem schweren Einband herauszunehmen und die Archivzimelie in dieser getrennten Form – einerseits Buchblock, andererseits Einband – aufzubewahren.[59] Ziel war selbstverständlich von allem Anfang an, die Bindung bzw. den adäquaten Erhaltungszustand mittels entsprechender restauratorischer Maßnahmen wiederherzustellen, ein Ziel, das dann allerdings doch zwei Jahrzehnte auf sich warten ließ.[60]

Die Jahre der von allem Anfang an nur als Provisorium gedachten Aufbewahrung des wichtigsten Wiener Stadtbuchs in Form des vom Buchblock getrennten Einbandes wurden freilich in vieler Hinsicht genutzt. Intensiv waren insbesondere die um die Fragen einer Rückführung des Buchblockes in seine angestammte Hülle geführten Diskussionen.[61] Nur mit höchster Verantwortung war vorzugehen und eine Entscheidung herbeizuführen, freilich war angesichts des gegebenen Zustandes klar, dass etwas geschehen musste. Eine Fortdauer der Aufbewahrung gleichsam in zwei Teilen war nicht zuletzt wegen der Gefahr von Verlusten – etwa des schon 1989 und davor lose dabei liegenden Messingbuckels, aber auch von Blättern bzw. Lagen der Handschrift selbst – keinesfalls angeraten.

Und dass solches – nämlich Substanzverluste – nach 1927 bereits vorgekommen war, bildete gleichfalls ein schlagendes Argument: Insbesondere die Vergleiche mit der Beschreibung der Handschrift durch Tomaschek aus dem Jahre 1877[62] sowie mit einer Abbildung des *Eisenbuchs* in einer Publikation aus dem Jahr 1927 (*Abb. 1*)[63] belegen nämlich, dass der prächtige, mit aus Messing[64] gefertigten, gravierten Applikationen beschlagene Einband nach der zweiten Hälfte der 1920er Jahre Beeinträchtigungen erfahren haben muss: Die Abbildung von

59 Diese Arbeiten führte der damalige Restaurator des Hauses, Herr Wilhelm Krychl, durch.

60 Verzögerungsfaktoren bildeten insbesondere die Zeit der Errichtung des neuen Archivgebäudes für das WStLA im östlichsten der vier Simmeringer Gasbehälter („Gasometer D") in den Jahren 1999 bis 2001, aber auch die Nachwirkungen dieser die Kapazitäten des Hauses aufs stärkste belastenden Maßnahmen, vgl. dazu die Ausführungen bei Opll – Kretschmer, Tätigkeitsbericht 1996–2000, sowie Dies., Tätigkeitsbericht 2001–2005. – An dieser Stelle ist mit großer Dankbarkeit der Arbeitseinsatz des von 2000 bis 2006 am Archiv tätigen Dipl.-Rest. Jürgen Vervoorst sowie insbesondere seines Nachfolgers, Mag. Max Krauss (seit 2007), zu erwähnen. Herr Kollege Krauss fungierte in den Jahren ab 2008 vielfach als ruhender Pol im Rahmen eines äußerst intensiven wissenschaftlichen Diskurses zwischen dem Herausgeber und den am Entstehen des vorliegenden Bandes so maßgeblich beteiligten Kollegen Andreas Fingernagel, Alois Haidinger und Franz Kirchweger.

61 Dabei gilt mein besonderer Dank neben den bereits in der vorigen Anm. erwähnten Kollegen auch Peter Csendes, dem langjährigen stellvertretenden Leiter des Wiener Stadt- und Landesarchivs, sowie meinen Mitarbeitern im Archiv Margit Altfahrt, Heinrich Berg und Christoph Sonnlechner.

62 Tomaschek (Bearb.), Rechte und Freiheiten, LXXX–LXXXI.

63 Vgl. dazu die Ausführungen unter dem Namen des amtsführenden Stadtrats der Bundeshauptstadt Wien, Karl Richter (1872–1935; vgl. zu ihm Czeike, Lexikon Bd. IV, 672) zum Archiv der Stadt Wien, in: Das neue Wien Bd. II, 109–112, und dort: 111 Abbildung (rechts oben).

64 Sowohl Max Krauss als auch Franz Kirchweger haben übereinstimmend bestätigt, dass als Material Messing verwendet wurde. Dies resultiert nicht zuletzt aus der gelblichen Farbe, die sich an den abgeriebenen Partien zeigt.

1927 zeigt jedenfalls noch beide Schließen. Und man wird – obwohl dies durch die erwähnte Abbildung, welche die Handschrift nur von der Vorderseite zeigt, nicht zu verifizieren ist – vielleicht vermuten dürfen, dass damals auch noch die fünf Metallbuckel der Rückseite des Einbandes vorhanden waren. Von den die Ecken der Rückseite des Einbands zierenden Metallbuckeln lag jedenfalls bis vor kurzem einer lose bei,[65] zwei sind verloren gegangen, und eine der Schließen[66] existiert ebenfalls nicht mehr. Mit einiger Wahrscheinlichkeit wird man davon ausgehen dürfen, dass die Beschädigungen bzw. Substanzverluste den Jahren der Auslagerung der Archivbestände an verschiedene Stellen außerhalb Wiens während des Zweiten Weltkrieges und in den ersten Jahren der Nachkriegszeit geschuldet sind.[67]

Gegen eine – technisch gleichfalls denkbare – totale Neubindung mit getrennter Aufbewahrung des ursprünglichen Einbandes und damit eben eindeutig für die Rückführung des Buchblocks in seinen angestammten Einband sprach aber dann auch die in langen Diskussionen gewonnene Erkenntnis, dass es nicht zuletzt dieser so massive Einband gewesen ist, der dem Augenschein nach die Konsistenz wie Existenz der Handschrift seit beinahe 700 Jahren sichergestellt hat.[68]

Das *Eisenbuch* hat wegen seines hohen Stellenwerts als eine der zentralen Rechtsquellen Wiens, somit letztlich aus inhaltlichen Gründen, die einschlägige Forschung seit der zweiten Hälfte des 19. Jahrhunderts immer wieder beschäftigt. Die beiden großen Editionsvorhaben zur Überlieferung der Wiener Rechtsquellen – 1877 vorgelegt durch Joseph Adolf Tomaschek, 1986 durch Peter Csendes – erbrachten ganz maßgebliche Beiträge, welche nicht zuletzt auch um die Frage der Datierung der Anlage der Handschrift kreisten. Nach abermaliger Evaluierung der Kritik an der die Handschrift einleitenden Zustimmung König Friedrichs des Schönen zur Anlage eines „Rechtbuchs“[69] wie nach eingehenden paläographischen Analysen[70] steht heute jedenfalls fest, dass die Stadt bald nach 1320 damit begann, diese Erlaubnis auch zu nutzen und eine entsprechende Handschrift anzulegen. Mit dem Schriftbefund des Codex setzte sich bereits 1895 Karl Uhlirz[71] auseinander, mit dem Inhalt der Handschrift befasste sich eine 1999 veröffentlichte „Inhaltliche Erschließung“, die Regesten zu den Eintragungen in chronologisch gereihter Form enthält.[72]

[65] Dieser Messingbuckel wurde im Jänner 2010 in der Restaurierwerkstätte des Wiener Stadt- und Landesarchivs durch Zita Breu (siehe ihren Bericht, S. 115 ff.) wieder montiert.

[66] Die Befestigungen der beiden Schließen auf der Vorderseite des Einbands sind unversehrt erhalten; von den in der Rückseite des Einbands montierten Schließbändern samt Metallschließen ist das obere erhalten geblieben, während das untere bis auf einen kleinen Rest samt der Schließe selbst fehlt.

[67] Zu dieser Zeit vgl. Opll, Stadtarchiv im Krieg und in der Nachkriegszeit, 177–208.

[68] Siehe dazu hier im Buch bei Krauss, S. 106 f.

[69] So die Bezeichnung in dieser Zustimmungserklärung, siehe: Csendes (Hg.), Rechtsquellen, 106 f. Nr. 19 (hier: 107).

[70] Siehe dazu hier im Band bei Haidinger, S. 11 ff.

[71] Uhlirz, Urkunden und Regesten.

[72] Opll, Eisenbuch.

Zu betonen ist gleichwohl, dass die bisherige wissenschaftliche Auseinandersetzung mit dem *Eisenbuch* im Regelfall von den Interessen und Erkenntnissen der diplomatisch-inhaltlichen wie auch – freilich ungleich weniger – von der paläographischen Kritik dominiert wurde. Wenn überhaupt von dem äußeren Erscheinungsbild und den Möglichkeiten von daraus resultierenden weiteren Einsichten die Rede war, so bezog sich dies auf Beschreibungen, die allerdings

Abb. 1: Das Eisenbuch im Jahr 1927 (aus: Das neue Wien Bd. II, 111).

auf Texthinweise im Inneren der Handschrift selbst Bezug nahmen. Dabei handelt es sich um den Hinweis auf eine Neubindung auf fol. 2 des Codex, welcher besagt, dass man den *liber iste, qui ob antiquitatem destructus erat*, zu Anfang der Regierung Kaiser Josephs I., und zwar nach dem beigegebenen Chronogramm[73] noch im Jahre 1705, *nova compagine accomodabatur*, also mit neuem Einband versah. Diese erstmals von Tomaschek in die Forschung eingebrachte Erkenntnis[74] wurde im Jahre 1900 von Heinrich Schuster im Kontext der Frage nach der Bezeichnung der Handschrift so interpretiert, dass der heutige Einband 1705 entstanden und damit auch Ursache der Benennung als *Eisenbuch* sei.[75]

Tatsächlich verdient gerade auch die Frage nach der Bezeichnung der Handschrift eingehendere Betrachtung:

- In chronologischer Hinsicht an der Spitze steht die Benennung als *recht puch* in der den Band einleitenden, mit prächtig illuminierter Initiale[76] versehenen Zustimmungserklärung Friedrichs des Schönen von 1320. Der Herausgeber des ersten städtischen Urkundenbuchs von Wien, Joseph Adolph Tomaschek, hat dann – seiner Stellung als Rechtshistoriker gemäß – gemeint, dass die Bezeichnung „Rechtsbuch" unpassend sei, da es sich nicht um „von Privaten unternommene Aufzeichnungen des Gewohnheitsrechts oder Bearbeitungen des Rechts, sondern mit officieller Autorität bekleidete Sammlungen von positiven Erzeugnissen der städtischen Autonomie und der gesetzgeberischen Thätigkeit der Landesfürsten"[77] handle. Dieser Auffassung widerspricht freilich die auch noch 1417 seitens Bürgermeisters und Rats der Stadt verwendete Bezeichnung als „Rechtbuch".[78]
- Schon seit der Mitte des 14. Jahrhunderts und auch noch im 15. Jahrhundert sind mehrfach Eigenbezeichnungen, d. h. Nennungen innerhalb des *Eisenbuchs* selbst, nachweisbar, die vom „großen Stadtbuch"[79] sprechen, ein

[73] Dazu siehe in diesem Band bei Haidinger, S. 11.

[74] Tomaschek (Bearb.), Rechte und Freiheiten, LXXXI.

[75] Schuster, Rechtsleben, Verfassung und Verwaltung, 378 Anm. 1.

[76] Diese Initiale (Buchstabe „W") wurde vom Verein für Geschichte der Stadt Wien ab Band 47/48 (1991/92) seiner Jahreszeitschrift „Jahrbuch des Vereins für Geschichte der Stadt Wien" als Logo verwendet, und er ziert auch den Einband des 2001 aus Anlass der Übersiedlung des Wiener Stadt- und Landesarchivs an seinen neuen Standort im Gasometer „D" in Wien-Simmering von Herrn Dipl.-Restaurator Jürgen Vervoorst angefertigten Gästebuchs des Archivs.

[77] Tomaschek (Bearb.), Rechte und Freiheiten, LXXX.

[78] Csendes (Hg.,), Rechtsquellen, 204 f. Nr. 50 (hier: 205): *das gegenwurtig grozz rechtpuch.*

[79] Ältester Beleg ist ein Ratsbeschluss vom 11. April 1353 bei Tomaschek (Bearb.), Rechte und Freiheiten, Nr. XLIX (irreführend verweist Tomaschek, a.a.O., LXXX, auch auf zwei Urkunden, die bei ihm unter den Nr. XLI und XLV abgedruckt sind, tatsächlich aber bloß vom „Stadtbuch" ohne nähere Qualifizierung sprechen); weiters ist auf den im Eisenbuch eingetragenen Beschluss über das Erbrecht vom 4. Juni 1381 bei Csendes (Hg.), Rechtsquellen, 191–193 Nr. 42 (hier: 193) (vgl. dazu Brauneder, Übertragung Wiener Rechts, 236–237) sowie auf den Befehl des Wiener Bürgermeisters Hans des Steger (zu ihm vgl. Perger, Ratsbürger, 250 Nr. 489) aus dem Jahre 1434 zu weiteren Eintragungen in das „große Stadtbuch" (Schuster, Rechtsleben, 378; Opll, Eisenbuch, 55) zu verweisen.

Begriff, der dann auch noch in der wissenschaftlichen Literatur des 19. und 20. Jahrhunderts[80] neben dem Namen *Eisenbuch* Verwendung findet.

- Schließlich der Begriff „*Eisenbuch*" selbst: Entgegen den Ausführungen von Heinrich Schuster, der diese Bezeichnung mit der Neubindung der Handschrift im ersten Jahrzehnt des 18. Jahrhunderts in Verbindung bringen wollte, steht seit Hermann Hango und Heinrich Demelius fest, dass die Bezeichnung „eisernes Stadtbuch" erstmals schon in einem von Bürgermeister Friedrich Geldreich am 29. Juli 1494 ausgestellten Gerichtsbrief Verwendung fand.[81]

Schon angesichts dieses Befundes – dass nämlich bereits zu Ende des 15. Jahrhunderts der äußere Eindruck der Handschrift etwas mit Metall („Eisen")[82] zu tun hatte – ergibt sich völlig eindeutig, dass man die Neubindung des Jahres 1705 keinesfalls als „namenstiftend" ansehen darf. All das zwingt vielmehr förmlich dazu, bisher noch nie durchgeführte Untersuchungen des *Eisenbuchs* vorzunehmen, darunter nicht nur eingehende Analysen des Schriftbefundes, der enthaltenen Illuminationen und des Lagenaufbaus, sondern insbesondere des Einbandes und der Messingbeschläge. Dieses Vorhaben wurde seit dem Herbst 2008 im Rahmen eines disziplinenübergreifenden Projekts in enger Zusammenarbeit der in diesem Buch vereinten Autorin und der Autoren nachgegangen. Vieles hat sich im Zuge der in den Jahren 2008–2010 durchgeführten Analysen ergeben, was unser Bild von Entstehung und Anlage des *Eisenbuchs* sowie den Schicksalen dieser Handschrift entscheidend klarer hat werden lassen. Anzuführen sind dabei nicht nur die Urteile der Spezialisten betreffs der Illuminationen und deren Datierung in die erste Hälfte des 14. Jahrhunderts[83] wie die paläographischen oder auch die kodikologischen Befunde.[84] Es sind insbesondere die im Codex enthaltenen Illuminationen der ersten Hälfte des 14. Jahrhunderts sowie die Einsichten zur Bindetechnik, welche uns das Wiener *Eisenbuch* jetzt auch dem Einband nach völlig eindeutig als spätmittelalterliche Handschrift erkennen lassen. Was die Metallbeschläge anlangt, so sind diese gleichfalls in das 14. Jahrhundert zu datieren. Gleichwohl bleibt es denkbar, dass sie erst bei der Neubindung von 1487 neu zur Ausstattung hinzugekommen sind.

Was nicht durchgeführt wurde, war eine dendrochronologische Untersuchung und damit Datierung der aus Buchenholz gefertigten Buchdeckel, dies deshalb, weil nicht sicher beurteilt werden kann, ob auch der Rand des verwendeten Holzstamms vorhanden ist, was aber für eine Datierung unerlässlich wäre. Mittels Röntgenuntersuchungen konnte allerdings ganz klar eruiert werden,

80 Tomaschek (Bearb.), Rechte und Freiheiten, LXXX; Archivalien aus acht Jahrhunderten, 12.

81 QuGStW II/4, Nr. 5516 (siehe dazu schon oben S. 153 mit Anm. 53: vgl. Demelius, Entstehung des Wiener Eisenbuches, 47, sowie Brauneder, Übertragung Wiener Rechts, 236 Anm. 2. – Siehe dazu jetzt insbesondere die Ausführungen von Fischer, S. 133 ff.

82 Messing, siehe dazu oben Anm. 64.

83 Siehe dazu insbesondere den Beitrag von Fingernagel, S. 63 ff.

84 Zu diesen Analysen vgl. den Beitrag von Haidinger, S. 11 ff.

dass die hölzernen Buchdeckel Bundverpflockungen der für die mittelalterliche Epoche – bis maximal ins frühe 16. Jahrhundert – gängigen Bindetechnik auf sieben Bünde aufweisen.[85]

In einer Zusammenschau der vorgenommenen kodikologischen, paläographischen, restauratorischen und kunsthistorischen Untersuchungen der letzten beiden Jahre wird man von einer ersten Anlage wohl schon bald nach 1320, spätestens in der Mitte des 14. Jahrhunderts oder bald danach ausgehen dürfen. Die Illuminationen der prächtig gestalteten Anfangsseiten lassen jedenfalls eine Datierung in diese Epoche[86] zu. Dieser Illuminationen wegen wird man aber wohl auch davon ausgehen müssen, dass zunächst keine Bindung, sondern die Zubereitung einer größeren Zahl einheitlich linierter Pergamentlagen[87] erfolgte, die in ungebundenem Zustand eben viel einfacher mit den vorhandenen Zierformen und farblichen Gestaltungselementen versehen werden konnten. Offenbar von allem Anfang an war vor der Initiumseite entsprechender Platz vorgesehen, um dereinst ein für derartige Sammelhandschriften erforderliches Inhaltsverzeichnis den Texten vorzuspannen.[88]

Die in Form von Abklatschen auf uns gekommenen Blätter auf der Innenseite des Vorder- wie des Hinterdeckels stammen nun nach dem paläographischen Befund aus Überresten einer allem Anschein nach französischen Handschrift des „Liber pontificalis" aus dem frühen 14. Jahrhundert. Tatsächlich hat die genauere Untersuchung der auf die Innenseite der Buchdeckel geklebten Pergamentblätter bzw. deren Abklatsche – der Abklatsch auf der Innenseite des Hinterdeckels ist weit besser erhalten, aber dennoch ist an der Zusammengehörigkeit der beiden Blätter nicht zu zweifeln – mit dieser Zuschreibung einen ausgesprochen interessanten Befund ergeben: Es handelt sich dabei nämlich um Teile einer aus dem österreichischen Raum in keiner einzigen spätmittelalterlichen Handschrift bekannten Sammlung von Biographien der Päpste, die in ihren Anfängen auf das Frühmittelalter zurückgeht und bis weit ins Spätmittelalter geführt wurde. Nach dem paläographischen Befund handelt es sich um eine regelmäßige Textura, die in gleichartiger Form vor allem in nordfranzösischen Handschriften des ersten Viertels des 14. Jahrhunderts begegnet.[89] Deren Verwendung macht es wahrscheinlich, dass eine erste Bindung unseres *Eisenbuches* wohl erst um 1350 bzw. in der zweiten Hälfte des 14. Jahrhunderts erfolgte – zwischen der Entstehung der verloren gegangenen, auf einem nicht bekannten Wege in die Ver-

[85] Siehe dazu in diesem Band: Krauss, S. 94.

[86] Siehe dazu in diesem Band bei Fingernagel, S. 63 ff.

[87] Dieser im Beitrag von Haidinger, S. 11, dargebotene Befund macht klar, dass der 1487 im Rahmen einer Neubindung des Codex erfolgte Ankauf von immerhin elf Häuten Pergament (dazu siehe den Nachweis hier im Buch bei Fischer, S. 134 ff.) nicht dazu geführt haben kann, dass der Buchblock im Zuge dieser Neubindung um etliche Lagen erweitert wurde. Alois Haidinger hat mir darüber hinaus in einer E-Mail vom 18. März 2010 nochmals mitgeteilt, dass außerdem bei einer 1487 erfolgten Hinzufügung weiterer Lagen diese zudem das ab dem Anfang des 15. Jahrhunderts gängige Layout der Einspaltigkeit des Textes (dazu hier im Buch bei Haidinger, S. 16) hätte aufweisen müssen.

[88] Siehe dazu bei Haidinger, S. 12.

[89] Siehe dazu den Beitrag von Haidinger, S. 122 ff.

fügung der Stadt gekommenen Handschrift des „Liber pontificalis" und deren Nutzung als eine Art von „Abfallpergament" für buchbinderische Zwecke muss doch ein etwas größerer Zeitraum verstrichen sein.

Die paläographische Analyse[90] ist es, der nicht nur ganz entscheidende Erkenntnis zur Anlage, sondern eben dann auch zur Führung des Codex über die Jahrhunderte hinweg zu verdanken ist. Diese Analyse weist nach, dass von der Anlage der Handschrift bis etwa 1370, somit innerhalb eines halben Jahrhunderts, sieben Hauptschreiber wie auch sechs „Nachtragshände" feststellbar sind. Leider ist eine sichere Identifizierung mit Angehörigen der städtischen Kanzlei, darunter etwa dem Stadtschreiber Walchun, nicht möglich, ja es ist wegen der prachtvollen Ausstattung mit diversen Initialen nicht einmal sicher, ob man nicht auch auswärtige Kräfte oder eine Buchmalerwerkstatt herangezogen hat.

Von den Schreibern der Nachträge haben zwei auch erhaltene städtische Urkunden geschrieben, was eine Datierung von deren Aktivität in die 1350er Jahre möglich macht. Und genau solch ein Vergleich weist auch für die 1380er und 1390er Jahre einen Schreiber der städtischen Kanzlei, vielleicht den als Ulricus bekannten, als an den Eintragungen ins *Eisenbuch* beteiligt aus. In jedem Fall ist aus diesen Analysen klar abzuleiten, dass die Führung des *Eisenbuchs* zu den herausragenden Aufgaben der Stadtkanzlei zählte, eine Aufgabe, der sich binnen etwa sieben Jahrzehnten insgesamt deutlich mehr als ein Dutzend Schreiber annahmen. Dennoch ist nicht zu verkennen, dass man offenkundig in größeren Zeitabständen dann eben eine ganze Gruppe von Nachträgen, gleichsam in einem Schwung, durchführte.

Und solch eine größere Pause ergibt sich aus dem Schriftbefund dann auch zu Anfang des 15. Jahrhunderts. Sie endete erst mit der Wiederaufnahme der Eintragung von Urkunden, welche zu 1417, 1428 und 1432 datiert sind, für die sich drei verschiedene Hände erkennen lassen, die nicht unbedingt nah- bzw. gleichzeitig mit den Stücken, sondern vielleicht eher doch allesamt erst den 1430er Jahren zuzuschreiben sind. Auffällig für diese Eintragungen ist insbesondere die Verwendung einer neuen Schriftart, nämlich die Abkehr von der Textura und der Übergang zur Bastarda, und auch das Abgehen von der bisher gewahrten Zweispaltigkeit ist bemerkenswert. Eine ins *Eisenbuch* selbst eingetragene burgermeisterliche Anordnung aus dem Jahre 1434 gab genau in dieser Epoche den Anstoß zu einer umfassenderen Fortführung des *Eisenbuchs*, indem – vermutlich sogar binnen eines einzigen Jahres und großteils von einer einzigen Hand – nicht weniger als 83 Urkunden neu eingetragen und auch ein Inhaltsverzeichnis für den bisherigen Gesamtbestand angelegt wurde. Aus paläographischer Sicht ist der erste Abschnitt des Inhaltsverzeichnisses eindeutig in die Epoche um 1430 zu datieren, und insgesamt belegt dies alles eine besonders intensive Beschäftigung mit der Handschrift in den Zeiten von Bürgermeister Hans Steger.[91]

90 Siehe zum Folgenden insbesondere Beitrag von Haidinger, S. 11 ff.

91 Als Wiener Bürgermeister ist Hans Steger 1434–1439, 1443 sowie 1447–1449 nachweisbar, vgl. Perger, Ratsbürger, 250 Nr. 489.

So Manches deutet darauf hin, dass diese Aktivitäten in ihrer Umsetzung mit der Person und dem Wirken des Stadtschreibers Ulrich Hirssauer,[92] der von 1429 bis 1471 im Amt war und auf den auch die Anlage des „Handwerksordnungsbuchs“ im Jahre 1430 zurückgeht, in enger Verbindung stehen. Ja, der Vergleich mit weiteren Textzeugnissen aus dem Bereich der städtischen Urkunden macht es durchaus denkbar, die Haupthand der Eintragungen von 1434 mit Hirssauer selbst zu identifizieren. Spätestens mit der zu 1487 bezeugten Neubindung der Handschrift und der sieben Jahre später, 1494, überlieferten Benennung als „eisernes Buch“[93] kann dann an der äußeren Form der Handschrift, deren Aussehen – spätmittelalterliche Bindung mit Metallbeschlägen – kein Zweifel mehr bestehen.

Nach 1434 bis in die frühen 1460er Jahre sind rund zwei Dutzend verschiedene Schreiberhände zu erkennen, was in jedem Fall auf eine intensive Weiterverwendung dieses zentralen städtischen Rechtsnachweises deutet. Weitere paläographische Erkenntnisse, und zwar bezogen auf die Fortführung des Inhaltsverzeichnisses wie auch auf die Texte selbst, zeigen sodann noch im späten 15. Jahrhundert ebenfalls Übereinstimmungen von Schreiberhänden des *Eisenbuchs* mit denen städtischer Urkunden. Das Erfordernis, das im weiteren Verlauf fortgesetzte Inhaltsverzeichnis aus Platzgründen mittels Verweiszeichens auf den letzten Blättern der Handschrift fortzusetzen, ist nach dem Schriftbefund wohl nach 1500 zu datieren.[94]

Mit der Eintragung des Fischereipatents Maximilians I. von 1506 sollte es im frühen 16. Jahrhundert sodann zu einem ähnlichen Stillstand in der Fortführung des *Eisenbuchs* kommen, wie dies auch für das frühe 15. Jahrhundert festzustellen ist. Ab etwa 1540 begann die Arbeit von neuem, und es lassen sich auch in weiterer Folge etliche Phasen erkennen, zu denen Kopisten mit neuen Eintragungen in das *Eisenbuch* beschäftigt waren.

Der insgesamt wahrscheinlich massivste Eingriff erfolgte sodann im frühen 18. Jahrhundert, im Jahre 1705. Er resultierte mit großer Wahrscheinlichkeit aus den auch anderen Zeugnissen bekannten, erst spät wieder behobenen Schäden, welche das städtische Archiv während der Zweiten Wiener Türkenbelagerung erlitten hatte.[95] Zu Beginn der Regierung Kaiser Josephs I. nahm man somit eine komplette Neubindung der Handschrift vor. Im Zuge dieser Arbeiten wurden am Anfang drei Doppelblätter des Inhaltsverzeichnisses, die sich bis dahin am Ende der Handschrift befunden hatten und heute zwischen den ersten beiden Blät-

92 Ulrich Hirssauer war von 1427 bis 1429 als Urteilschreiber, von 1429 bis 1461 Stadtschreiber, vgl. Perger, Ratsbürger, 212 f. Nr. 283.

93 Siehe dazu den Beitrag von Fischer, S. 133 ff.

94 Im Übrigen weist diese Beobachtung mit großer Gewissheit darauf hin, dass die 1487 erwähnte Anschaffung von elf Häuten Pergament für die Arbeiten *(11 heut pergamen, das man zu der stat hantfest gebunten hat,* siehe dazu im Beitrag von Fischer, S. 135) ganz offenkundig zu keiner Erweiterung des Buchblocks geführt hat. Und dies wäre ja auch nicht mit dem Befund der einheitlichen und in einem durchgeführten Linierung des vorliegenden Buchblocks im Kontext von dessen Anlage bereits im 14. Jahrhundert (siehe dazu im Beitrag von Haidinger, S. 11 und 24 Anm. 72) zusammenpassen.

95 Dazu vgl. die Hinweise bei Tschulk, Entwicklung des Wiener Stadtarchivs, 65–67.

tern der ersten Textlage eingebunden sind, und am Schluss des Codex vier Lagen unlinierter Pergamentblätter hinzugefügt.[96] Des weiteren erfuhr der gesamte Buchblock damals eine Beschneidung, was sich aus mehreren angeschnittenen Foliovermerken eindeutig ablesen lässt. Der Eingriff in den Buchblock selbst war durchaus radikal, nahm man doch diese Neubindung zum Anlass, das bislang auf die ersten wie auch die letzten Seiten aufgeteilte Inhaltsverzeichnis zu Beginn der Handschrift zusammenzuführen. Dass man damals nicht unbedingt mit der zu erwartenden Exaktheit arbeitete, zeigt eine Erkenntnis, die sich bei den nunmehrigen Untersuchungen zweifelsfrei ergeben hat: Die erste Lage bestand zum Zeitpunkt des Beginns der Niederschrift des Eisenbuches lediglich aus zwei Doppelblättern; sie sind heute mit fol. 1, 2 und 3 foliiert. Zwischen fol. f und 1 wurden erst 1705 drei Doppelblätter (g–m) eingehängt. Gerade der Bogen (fol. 1 f.) mit der ersten, so prunkvoll gestalteten Seite und mit dem Bezug auf Friedrich den Schönen weist bis heute ausschließlich die mittelalterliche Heftung auf sieben Bünde auf, wurde also 1705 nicht mit der für diese Epoche charakteristischen sechsbündigen Heftung versehen. In Zusammenschau mit dem Beleg eines Fotos, das den bis zum Jahr 2000 tätigen Restaurator des Archivs, Herrn Wilhelm Krychl, bei Arbeiten an diesem Bogen, zugleich aber die noch intakte[97] Handschrift zeigt, ergibt sich somit, dass 1705 offenkundig vergessen wurde, just diesen Bogen in die Neuheftung mit einzubeziehen. Der Bogen wurde damals – den erkennbaren Leimspuren zufolge – offenbar nur behelfsmäßig im neuen Einband fixiert.[98] – Die Zahl der für die Heftung erforderlichen Einstichlöcher bei den 1705 am Schluss der Handschrift hinzugefügten vier Lagen unlinierter Pergamentblätter ist im Übrigen ausschließlich in der für die neuzeitliche Buchbindetechnik charakteristischen Weise mit sechs gegeben, der gesamte „alte" Buchblock zeigt sowohl sechs als auch sieben Einstichlöcher – somit die mittelalterliche wie zugleich die neuzeitliche Technik. Nur der Bogen mit dem eigentlichen Initium der Handschrift weist einzig und allein die für die mittelalterliche Technik typische Heftung auf sieben Bünde auf.

Nach den durch Röntgenuntersuchungen erkennbaren, erhaltenen Spuren der mittelalterlichen Bindetechnik eindeutig weiter verwendet wurden zu Anfang des 18. Jahrhunderts freilich die Holzdeckel der Vorder- und Rückseite aus dem späten 15. Jahrhundert. Diese wurden nun allerdings neu eingeledert, und zwar in eine Schweinslederhülle mit der für diese Zeit typischen Rollen- und Streicheisenverzierung (Blindprägung). Gleichfalls beibehalten wurden die ehrwürdigen Messingbeschläge, deren kunsthistorische Analyse letztlich am Anfang der hier vorgelegten Erkenntnissen gestanden ist.[99] Diese Beschläge erfuhren allerdings

96 Dazu siehe in diesem Band die Beiträge von Haidinger, S. 11 ff., und Krauss, S. 101 ff.

97 Also noch vor der nach 1990 erfolgten Herauslösung des Buchblocks aus dem Einband.

98 Siehe dazu in diesem Band die Ausführungen von Krauss, oben S. 101; das erwähnte Foto (siehe oben S. 103 Abb. 11) hat Herr Kollege Krychl (Restaurator am Archiv bis zum Jahr 2000) freundlicherweise zur Verfügung gestellt.

99 Bereits bei einer ersten Untersuchung im Herbst 2008 war es Franz Kirchweger, der klar machte, dass die Gravierungen der Beschläge in jedem Fall mittelalterlich seien, siehe dazu oben S. 35 ff.

Ergänzungen. Im späten 19. oder bereits im 20. Jahrhundert erfolgten Arbeiten am Buchrücken wie auch an den Innenseiten der Holzdeckel.[100]

Etwa drei Jahrhunderte nach diesen durchaus unterschiedlich motivierten Eingriffen in Bestand wie Ausstattung und Bindung des Wiener *Eisenbuchs* zu Beginn des 18. Jahrhunderts und etwas mehr als ein halbes Jahrhundert nach den Beschädigungen, welche die Handschrift mit großer Wahrscheinlichkeit während des Zweiten Weltkrieges oder in den ersten Jahren der Nachkriegszeit erlitten hatte, erfolgte zuletzt nach Abschluss der in diesem Band zusammen gefassten Untersuchungen im März 2010 die Rückbindung in den originalen Einband.

* * *

Unser Wissensstand hat sich in jedem Fall im Gefolge all dieser Maßnahmen und Untersuchungen ganz nachhaltig erweitert, und es kann – in einer abschließenden Zusammenfassung – die folgende Beurteilung der Sachlage abgegeben werden:

Das *Eisenbuch* wurde bald nach 1320 mit landesfürstlicher Bewilligung von der Stadt Wien angelegt und von allem Anfang an als besonders prächtig, mit dem hohen Rang dieses Rechtsbuches entsprechenden Illuminationen ausgestattet wie zugleich in herausragend schöner Schrift geführt. Da der Codex sowohl 1320 als auch 1487 als „Buch" bezeichnet wurde und es auszuschließen ist, dass man über mehr als anderthalb Jahrhunderte eine Art von Loseblatt-Sammlung verwahrt hätte, muss eine ursprüngliche Bindung bereits im 14. Jahrhundert erfolgt sein. Die von Karl Fischer in den städtischen Rechnungsbüchern des Jahres 1487 nachgewiesene Notiz über die Anschaffung von Materialien für eine Neubindung der Handschrift wie auch die Durchführung derselben durch den Priester „Wendlab" (wohl: Wenzel) hat wesentliche neue Erkenntnisse im Hinblick auf die hohe Sorgfalt erbracht, die man diesem zentralen Rechtsdokument der Stadt Wien angedeihen ließ. Wenige Jahre später, 1494, liegt sodann die erstmalige Nennung des Codex als *Eisenbuch* vor.[101]

Auch 200 Jahre später hielt diese hohe Wertschätzung für dieses Rechtsdokument ungebrochen an. Was man nämlich 1705, zwei Jahrzehnte nach den Wirren, welche die osmanische Belagerung der Stadt von 1683 auch im städtischen Archiv nach sich gezogen hatten, unternahm – und es handelte sich dabei um durchaus massive Eingriffe –, war in jedem Fall von hohem Respekt für die Handschrift und dem Bemühen bestimmt, das Vorhandene nach Möglichkeit zu wahren. Die barocke Neubindung nutzte man nur zu geringen Erweiterungen des Buchblocks, man ging nun allerdings auf die damals zeitgemäße Bindung mit sechs Bünden über.[102] Zugleich übernahm man die mittelalterlichen Holz-

100 Siehe dazu in diesem Band: Krauss, S. 96f.
101 Siehe dazu den Beitrag von Fischer, S. 133ff.
102 Siehe dazu den Beitrag von Krauss, S. 101f.

deckel der Bindung von 1487, die man nun neu einlederte, und brachte auf dem neu gestalteten Einband die mittelalterlichen Beschläge wieder an. Die Messingbuckel, die in ihrer überlieferten Form 1487 auf die Beschläge gesetzt worden waren, wurden 1705 ebenfalls weiterverwendet. Ergänzt wurde damals (oder noch später) das Zwischenstück der Beschläge, das sich auf der unteren Kante des Hinterdeckels befindet. Buchschließen hatte es jedenfalls schon 1487 gegeben; die heute erhaltene Schließe geht auf eine zeitlich nicht näher einzugrenzende Ergänzungsphase zurück und wurde wohl bei der Anbringung des neuen Buchrückens zu Ende des 19. bzw. zu Beginn des 20. Jahrhunderts neu montiert.[103]

Mit dem nun zu Ende des ersten Jahrzehnts des dritten Jahrtausends vorgenommenen Maßnahmen und Untersuchungen ist unser Wissen über das Wiener *Eisenbuch* nachhaltig ausgebaut und erweitert worden. Die Rückführung des Buchblocks in seinen althergebrachten, noch auf die Epoche des Mittelalters zurückgehenden Einband korrespondiert mit dem aktuellen Status restauratorischer Arbeitsweisen.[104] Damit ist aus heutiger Sicht der entscheidende Schritt getan worden, der dieser ältesten und bedeutendsten Handschrift der städtischen Verwaltung Wiens das weitere ungefährdete Fortleben sichern wird.

[103] Dazu siehe Fingernagel – Kirchweger, S. 45 f., sowie Breu, S. 120 f.
[104] Dazu siehe die Ausführungen bei Krauss, S. 105 ff.

GLOSSAR

Bastarda	Schrifttypus (vgl. oben im Beitrag von HAIDINGER, S. 16, Anm. 29)
Bund, Bünde	Schnüre/Bänder quer über den Buchrücken zur Verbindung der Lagen und zur Befestigung des Buchblocks an den Buchdeckeln (Buchbindetechnik)
Cadelleninitiale	„Großbuchstaben" des 14. und 15. Jhs. (vgl. oben im Beitrag von HAIDINGER, S. 20, Anm. 53)
Falz	Ausdruck der Buchbindetechnik (das Gelenk, an welchem sich die Buchdeckel öffnen lassen; der Falz entsteht durch den Abstand von Buchdeckel und Rückeneinlage)
Fitzbund	Ausdruck der Buchbindetechnik (Verbindung zwischen den Lagen)
Fleuronnée	Ornamentform der Buchmalerei zur Ausgestaltung von Initialen („geblümt", vgl. oben im Beitrag von FINGERNAGEL, S. 63 ff.)
fol., Folium	Blatt
Foliierung	Blattzählung
Kapitalband	dekoratives Band, welches in Nachahmung des historischen Kapitals an die obere und untere Kante des Buchblockrückens angeklebt oder gestochen (Handeinband) wird
Lage(n)	mehrere ineinander gesteckte, meist vierseitige Bogen (Buchbindetechnik)
Lombarde, Lombardeninitiale	Formen von Initialen (vgl. oben im Beitrag von HAIDINGER, S. 14, Anm. 18)
Perllombarde	Formen von Initialen (vgl. oben im Beitrag von HAIDINGER, S. 17, Anm. 40)
recto	Vorderseite
Reversseite	Rückseite
Rubrik	hier: Überschrift oder Zwischentitel in roter Tinte
Ternio	Lage aus drei Doppelblättern
Textualis	spätmittelalterlicher Schrifttypus (vgl. oben im Beitrag von HAIDINGER, S. 14, Anm. 16)
Textura	kalligraphische Buchschrift der Gotik
verso	Rückseite

ABKÜRZUNGEN UND SIGLEN

Anm.	Anmerkung
Bd.	Band, Bände
BMAVW	Berichte und Mittheilungen des Alterthums-Vereines zu Wien
Col.	Columne
DRW	Deutsches Rechtswörterbuch
FB	Forschungen und Beiträge zur Wiener Stadtgeschichte
fol.	folio, folii
FRA	Fontes rerum Austriacarum
HAU	Hauptarchiv-Urkunde
Hg., hg.	Herausgeber, herausgegeben
Hs.	Handschrift
JbLKNÖ	Jahrbuch für Landeskunde von Niederösterreich
JbVGStW	Jahrbuch des Vereins für Geschichte der Stadt Wien
MBl.AVWien	Monatsblatt des Alterthums-Vereines zu Wien
MIÖG	Mitteilungen des Instituts für österreichische Geschichtsforschung
N. F.	Neue Folge
Nr.	Nummer(n)
VeröffWStLA	Veröffentlichungen des Wiener Stadt- und Landesarchivs
WGBll.	Wiener Geschichtsblätter
WStLA	Wiener Stadt- und Landesarchiv
Z.	Zeile

LITERATUR UND QUELLEN

Archivalien aus acht Jahrhunderten. Ausstellung des Archivs der Stadt Wien (Historisches Museum der Stadt Wien, 15. Sonderausstellung, Dezember 1964–Februar 1965, Wien o. J.).

Christine BEIER, Die illuminierten Handschriften der Universitätsbibliothek Graz ab ca. 1400, Wien 2010 (im Druck).

Konrad BEYERLE, Die deutschen Stadtbücher, in: Deutsche Geschichtsblätter. Monatsschrift zur Förderung der landesgeschichtlichen Forschung XI (1910), 145–200; jetzt auch online verfügbar unter: http://www.uni-koeln.de/~ahz26/dateien/beyerle.htm (Status: 8. Jänner 2010).

Bernhard BISCHOFF, Paläographie des römischen Altertums und des abendländischen Mittelalters, Berlin [4]2009 (Grundlagen der Germanistik 24).

Herbert BLUME, Bibliographie des Internationalen Arbeitskreises für Historische Stadtsprachenforschung, Wien 1997.

Wilhelm BRAUNEDER, Eine Übertragung Wiener Rechts auf Klosterneuburg („Aufsatz des Erbrechts 1381/1383"), in: WGBll. 32 (1977), 236–237

Wilhelm BRAUNEDER – Gerhard JARITZ (Hg.), Die Wiener Stadtbücher. Bd. 1: 1395–1400, Wien 1995 (FRA 10/1).

Wilhelm BRAUNEDER – Gerhard JARITZ – Christian NESCHWARA (Hg.), Die Wiener Stadtbücher. Bd. 2: 1401–1405, Wien 1998 (FRA 10/2).

Otto BRUNNER, Die Finanzen der Stadt Wien von den Anfängen bis ins 16. Jahrhundert, Wien 1929 (Studien aus dem Archiv der Stadt Wien 1/2).

Albert von CAMESINA (Edition des Gültenbuchs), in: Notizenblatt. Beilage zum Archiv für Kunde österreichischer Geschichtsquellen 4/17 (1854), 395–400, und 4/19 (1854), 437–444.

Adriano CAPELLI, Dizionario di abbreviature latine ed italiane, Milano [6]1993.

Joseph CHMEL, Wiener Stadtrechnungen u. s. w. 1368–1403, in: Notizenblatt. Beilage zum Archiv für Kunde österreichischer Geschichtsquellen 5/14 (1855), 325–328, 5/15 (1855), 350–352, 5/16 (1855), 365–376 und 5/17 (1855), 391–400.

Chorinsky siehe Sammlung

Chroniken, Die – der deutschen Städte vom 14. bis ins 16. Jahrhundert, Bd. 7: Die Chroniken der niedersächsischen Städte, Magdeburg, Bd. 1, Leipzig 1869; Neudruck Göttingen 1962.

Elly COCKX-INDESTEGE – Joseph M. M. HERMANS (Hg.), Sluitwerk: bijdrage tot de terminologie van de boekband, Bruxelles 2004 (Archives et bibliothèques de Belgique, Numéro spécial 71).

Peter CSENDES (Hg.), Die Rechtsquellen der Stadt Wien, Wien/Köln/Graz 1986 (FRA III/9).

Peter CSENDES, Eine wiederentdeckte Handschrift des Wiener Stadtrechtsbuchs, in: JbVGStW 54 (1998), 19–28.

Peter Csendes – Ferdinand Opll (Hg.), Wien. Geschichte einer Stadt, Bd. 1: Von den Anfängen bis zur Ersten Wiener Türkenbelagerung (1529), Wien/Köln/Weimar 2001.
Felix Czeike, Historisches Lexikon Wien, Bd. I–VI, Wien 1992–2004.
Felix Czeike, Wien und seine Bürgermeister. Sieben Jahrhunderte Wiener Stadtgeschichte, Wien 1974.

Heinrich Demelius, Zur Entstehung des Wiener Eisenbuches, in: JbVGStW 14 (1958), 47–50.
Jan Diviš, Antiquitäten aus Bronze, Kupfer und Messing, Hanau 1991.
Louis Duchesne, Liber pontificalis, 2 Bde., Paris 1886/92.
Eike Barbara Dürrfeld, Die Erforschung der Buchschließen und Buchbeschläge. Eine wissenschaftsgeschichtliche Analyse seit 1877, Diss. Wiesbaden 2000.
Eike Barbara Dürrfeld, Mit Haken und Ösen – Zur Typenbestimmung von Buchschließen des 15. bis 17.Jahrhunderts, in: Restauro 6 (1993).

Thomas Engelke, Eyn grosz alts Statpuech. Das „Gelbe Stadtbuch" der Stadt Regensburg. Forschungen und Edition, Regensburg 1995 (Regensburger Studien und Quellen zur Kulturgeschichte 2).

Ferdinand Fabricius (Hg.), Das älteste Stralsunder Stadtbuch (1270–1310), Berlin 1872.
Karl Fajkmajer, Verfassung und Verwaltung der Stadt Wien (1526–1740), in: Geschichte der Stadt Wien V, Wien 1914, 100–159.
Joseph Feil, Beiträge zur älteren Geschichte der Kunst- und Gewerbs-Thätigkeit in Wien, in: BMAVW 3 (1859), 204–307.
Hermann Fillitz – Martina Pippal, Schatzkunst. Die Goldschmiede- und Elfenbeinarbeiten aus österreichischen Schatzkammern des Hochmittelalters, Salzburg/Wien 1987.
Andreas Fingernagel – Martin Roland, Mitteleuropäische Schulen I (ca. 1250–1350), Wien 1997 (Die illuminierten Handschriften und Inkunabeln der Österreichischen Nationalbibliothek 10).
Otto Francke (Hg.), Das Verfestungsbuch der Stadt Stralsund, Halle 1875 (Hansische Geschichtsquellen 1).
Johann Michael Fritz, Gestochene Bilder. Gravierungen auf deutschen Goldschmiedearbeiten der Spätgotik, Köln/Graz 1966 (Beihefte der Bonner Jahrbücher 20).

Antonia Graf, Zur Geschichte der Fleuronnéeinitiale unter besonderer Berücksichtigung der österreichischen Handschriften des 13. und 14. Jahrhunderts, Diss. Wien 1968.
Jacob Grimm – Wilhelm Grimm, Deutsches Wörterbuch, 16 Bde. [in 32 Teilbänden], Leipzig 1854–1960; Quellenverzeichnis 1971.

Konrad Haebler, Rollen- und Plattenstempel des 16. Jahrhunderts. Bd. 1–2, Wiesbaden 1928–1929 (Nachdruck Wiesbaden 1968).

Alois HAIDINGER, Mitteleuropäische Vorläufer der Gebetbuchfraktur Maximilians I., in: Régionalisme et Internationalisme. Problèmes de Paleographie et de Codicologie du Moyen Âge, Wien 2008 (Veröffentlichungen der Kommission für Schrift und Buchwesen des Mittelalters IV/5), 189–204.

Herders Konversations-Lexikon, 3. Aufl. 2. Band, Freiburg im Breisgau 1903.

Béatrice HERNAD, Die gotischen Handschriften deutscher Herkunft in der Bayerischen Staatsbibliothek. Teil 1: Vom späten 13. bis zur Mitte des 14. Jahrhunderts. Mit Beiträgen von Andreas WEINER, Wiesbaden 2000.

Hans-Jörgen HEUSER, Oberrheinische Goldschmiedekunst im Hochmittelalter, Berlin 1974.

Richard HOFFMANN – Christoph SONNLECHNER, Vom Archivobjekt zum Umweltschutz: Maximilians Patent über das Fischereiwesen von 1506, in: JbVGStW 62 (2006/07) (im Druck).

Magdalena HÖRMANN-WEINGARTNER, Aus Tiroler Kunstschätzen, Meßbucheinbände und -beschläge vom Mittelalter bis zum 18. Jahrhundert, in: Heinz HAUFFE – Eva RAMMINGER – Maria SEISSL – Sieglinde SEPP (Hg.), Kulturerbe und Bibliotheksmanagement. Festschrift für Walter Neuhauser, Innsbruck 1998, 39–74.

Joseph Freyh. v. HORMAYR, Wien, seine Geschicke und seine Denkwürdigkeiten, 3. Band, 1. und 2. Heft, Wien 1823.

Hans HÜLBER, Ritter Hans Steger, Bürgermeister von Wien, Wien 1980 (FB 7).

Herbert HUNGER, Katalog der griechischen Handschriften der Österreichischen Nationalbibliothek, Teil 4: Supplementum Graecum, Wien 1994.

Hanns JÄGER-SUNSTENAU, 500 Jahre Wappenbrief für die Stadt Wien, in: JbVGStW 17/18 (1961/62), 53-85.

Gerhard JARITZ – Christian NESCHWARA (Hg.), Die Wiener Stadtbücher. Bd. 3: 1406–1411, Wien 2006 (FRA 10/3).

Gerhard JARITZ – Christian NESCHWARA (Hg.), Die Wiener Stadtbücher. Bd. 4: 1412–1417, Wien 2009 (FRA 10/4).

Peter JOHANEK, Geschichte und Perspektiven der Stadtbücherforschung in der Bundesrepublik Deutschland (Ungedrucktes Manuskript, das Herr Johanek dem Herausgeber der vorliegenden Publikation am 16. März 2010 zur Verfügung stellte).

Lotte KNABE – Annelise DÜSING (Hg.), Das zweite Wismarsche Stadtbuch 1272–1297. Text und Register, Weimar 1966 (Quellen und Darstellungen zur Hansischen Geschichte, N. F. Bd. XIV, Teil 1–2).

Adam Franz KOLLAR, Analecta monumentorum omnis aevi Vindobonensia, Tomus 1–2, Vindobonae 1761–1762.

Herbert KÖLLNER, Zur kunstgeschichtlichen Terminologie, in: Katalogisierung mittelalterlicher und neuerer Handschriften, Frankfurt am Main 1963 (Zeitschrift für Bibliothekswesen und Bibliographie, Sonderheft).

SUSANNE KROPAČ, Das „Schwarze Stadtbuch" der Reichsstadt Regensburg. Quellenkritische Studien und Edition, Diss. Graz 2000.

Henriette KURSCHEL, Das „Älteste Stadtrechtsbuch" der Reichsstadt Regensburg und seine Abschrift. Quellenkritische Studien und Edition, Diss. Graz 2000.

Ernst KYRISS, Verzierte gotische Einbände im alten deutschen Sprachgebiet, Stuttgart 1951–1958.

Josef LAMPEL (Hg.), Quellen zur Geschichte der Stadt Wien, II. Abtheilung, Bd. 4, Wien 1917.

Paul LIETZ – Christian REITER – Otto WEHNER (Hg.), Das zweite Stralsunder Stadtbuch (1310–1342), Tl. 1: Liber de hereditatum obligatione, Stralsund 1896 (Jahresbericht des Gymnasiums zu Stralsund 1895/96).

Alphons LHOTSKY, Quellenkunde zur mittelalterlichen Geschichte Österreichs, Graz/Köln 1963 (MIÖG, Erg.-Bd. 19).

Klaus LOHRMANN, Grundbücher, Wien 1986 (VeröffWStLA, Reihe A: Archivinventar, Serie 1, Heft 2).

Johannes Friedrich LUCHT (Hg.), Das Kieler Stadtbuch von dem Jahre 1264 bis zum Jahre 1289, Kiel 1842.

Ivo LUNTZ (†), Die allgemeine Entwicklung der Wiener Privaturkunde bis zum Jahre 1360 (I); Beiträge zur Geschichte der Wiener Ratsurkunde (II), Wien 1917 (Abhandlungen zur Geschichte und Quellenkunde der Stadt Wien I und II).

Magdeburger Schöppenchronik siehe Chroniken

Anton MAYER (Hg.), Quellen zur Geschichte der Stadt Wien I. Abtheilung, Bd. 2, Wien 1896.

Wolfgang MAYER, Handschriften, Wien 1986 (VeröffWStLA, Reihe A: Archivinventar, Serie 3, Heft 1).

Claus MAYWALD-PITELLOS, Die Buchverschlüsse, Buchbeschläge und sonstigen Metallteile am Buch: Die Terminologie, Königswinter 2005.

Otto MAZAL, Katalog der abendländischen Handschriften der Österreichischen Nationalbibliothek „Series nova“, Teil 4: Cod. Ser. n. 4001–4800, Wien 1975.

Jörg MEIER – Arne ZIEGLER, Aufgaben einer künftigen Kanzleisprachenforschung, Wien 2003.

National-Encyklopaedie, Oesterreichische – oder alphabetische Darlegung der wissenswürdigsten Eigenthümlichkeiten des österreichischen Kaiserthumes…, 2. Bd. (E-H), Wien 1835.

Wolfgang OESER, Beobachtungen zur Strukturierung und Variantenbildung der Textura. Ein Beitrag zur Paläographie des Hoch- und Spätmittelalters, in: Archiv für Diplomatik 40 (1994), 359–439.

Ferdinand OPLL, Das älteste Wiener Rathaus, in: JbVGStW 46 (1990), 107–122.

Ferdinand OPLL, Das große Wiener Stadtbuch, genannt „Eisenbuch“. Inhaltliche Erschließung, Wien 1999 (VeröffWStLA, Reihe A: Archivinventar, Serie 3, Heft 4).

Ferdinand OPLL, Das Wiener Stadtarchiv im Krieg und in der Nachkriegszeit, in: JbVGStW 51 (1995), 177–208.

Ferdinand OPLL, Geschichte des Wiener Stadt- und Landesarchivs, Wien 1994 (VeröffWStLA, Reihe C: Sonderpublikationen 5).

Ferdinand Opll, Nachrichten aus dem mittelalterlichen Wien. Zeitgenossen berichten, Wien/Köln/Weimar 1995.
Ferdinand Opll – Helmut Kretschmer, Tätigkeitsbericht des Wiener Stadt- und Landesarchivs 1996–2000, Wien 2001 (VeröffWStLA, Reihe C: Sonderpublikationen, Heft 8).
Ferdinand Opll – Helmut Kretschmer, Tätigkeitsbericht des Wiener Stadt- und Landesarchivs 2001–2005, Wien 2006 (VeröffWStLA, Reihe C: Sonderpublikationen, Heft 12).

Richard Perger, Die Wiener Ratsbürger 1396–1526. Ein Handbuch, Wien 1988 (FB 18).
Andreas Petter, Mittelalterliche Stadtbücher und ihre Erschließung. Grundlagen und Gestaltung quellenkundlicher Arbeiten zur mitteldeutschen Überlieferung, in: Sachsen und Anhalt 24 (2002/2003), 189–245.
Karl-Georg Pfändtner – Alois Haidinger, Das ABC-Lehrbuch für Kaiser Maximilian I., Graz 2004 (Codices Selecti CIX).
Ernst Pitz, Schrift- und Aktenwesen der städtischen Verwaltung im Spätmittelalter. Köln – Nürnberg – Lübeck. Beitrag zur vergleichenden Städteforschung und zur spätmittelalterlichen Aktenkunde, Köln 1959 (Mitteilungen aus dem Stadtarchiv Köln 45).
Anton Podlaha, Der Domschatz und die Bibliothek des Metropolitankapitels. 2. Abt.: Die Bibliothek des Metropolitankapitels, Prag 1904 (Topographie der historischen und Kunst-Denkmale im Königreiche Böhmen von der Urzeit bis zum Anfange des XIX. Jahrhunderts).
Dietrich W. Poeck (Hg.), Das älteste Greifswalder Stadtbuch (1291–1332), Köln/Wien 2000 (Veröffentlichungen der Historischen Kommisssion für Pommern Reihe 4, Quellen zur pommerschen Geschichte 14).
Olderico Přerovský (Hg.), Liber pontificalis nella recensione di Pietro Guglielmo OSB e del card. Pandolfo glossato da Pietro Bohier OSB, vescovo di Orvieto, Vol. 1–3, Roma 1978 (Studia Gratiana XXI–XXIII).

QuGStW I/2 siehe Mayer (Hg.), Quellen zur Geschichte der Stadt Wien
QuGStW II/1–3 siehe Uhlirz (Hg.), Quellen zur Geschichte der Stadt Wien
QuGStW II/4 siehe Lampel (Hg.), Quellen zur Geschichte der Stadt Wien

Rechtswörterbuch, Deutsches –; verwendet nach der online-Ausgabe:
Paul Rehme, Das Lübecker Ober-Stadtbuch. Ein Beitrag zur Geschichte der Rechtsquellen und des Liegenschaftsrechtes. Mit einem Urkundenbuche, Hannover 1895.

Sammlung Chorinsky, Bd. 1 ff., Wien 1890.
Christine Sauer, mit Beiträgen von Ulrich Kuder, Die gotischen Handschriften der Württembergischen Landesbibliothek Stuttgart, Teil 1: Vom späten 12. bis zum frühen 14. Jahrhundert, Stuttgart 1996 (Katalog der illuminierten Handschriften der Württembergischen Landesbibliothek Stuttgart, Band 3: Die gotischen Handschriften).

J. Andreas SCHMELLER, Bayerisches Wörterbuch, 2. verm. Ausg., 1. Bd. München 1872.
Regula SCHMID, Geschichte im Dienst der Stadt. Amtliche Historie und Politik im Spätmittelalter, Zürich 2009.
Gerhard SCHMIDT, Die Malerschule von St. Florian, Linz 1962.
Gerhard SCHMIDT, Malerei der Gotik. Fixpunkte und Ausblicke, Graz 2005.
Tilmann SCHMIDT (Hg.), Das Rostocker Stadtbuch 1270–1288 nebst Stadtbuch-Fragmenten (bis 1313), Rostock 2007 (Veröffentlichungen der Historischen Kommission für Mecklenburg, Reihe C, Bd. 7).
Friedrich Adolf SCHMIDT-KÜNSEMÜLLER, Bibliographie zur Geschichte der Einbandkunst von den Anfängen bis 1985, Wiesbaden 1987.
Friedrich Adolf SCHMIDT-KÜNSEMÜLLER, Corpus der gotischen Lederschnitteinbände aus dem deutschen Sprachgebiet, Stuttgart 1980 (Denkmäler der Buchkunst 4).
Karin SCHNEIDER, Die deutschen Handschriften der Bayerischen Staatsbibliothek München. Die mittelalterlichen Handschriften aus Cgm 888–4000, Wiesbaden 1991 (Catalogus codicum manuscriptorum, tom. V ed. II, pars VI).
Peter SCHRIJEN, Buchrestaurierung – Handlungsdrang oder Rettung von Kulturgut? Kleine Geschichte eines verwirrenden Handwerks, Maastricht 1998.
Heinrich SCHUSTER, Rechtsleben, Verfassung und Verwaltung, in: Geschichte der Stadt Wien II/1, Wien 1900, 352–498.
Frauke STEENBOCK, Der kirchliche Prachteinband im frühen Mittelalter. Von den Anfängen bis zum Beginn der Gotik, Berlin 1965.
Otto H. STOWASSER, Das Eisenbuch der Stadt Wien, in: MBl.AVWien 32 (1915), 189–192.
Otto H. STOWASSER, Das Stadtbuch von Waidhofen an der Thaya. Mit einer Einleitung über die privatrechtlichen Stadtbücher des Wiener Rechtskreises, in: JbLKNÖ, N.F. 16/17 (1916/1917), 1–116.
Otto H. STOWASSER, II. Die Entstehungszeit des Eisenbuches der Stadt Wien, in: DERS., Beiträge zu den Habsburger Regesten, Wien 1928 (MIÖG, Erg.-Bd. 10), 19–47.
J. A. SZIRMAI, The Archaeology of Medieval Bookbinding, Aldershot/Brookfield/Singapore/Sydney 1999.

Imre TAKÁCS, Opus duplex in der Goldschmiedekunst des 13. Jahrhunderts und die höfische Kultur, in: Ars decorativa 26 (2008), 7–37.
Friedrich TECHEN (Hg.), Das älteste Wismarsche Stadtbuch von etwa 1250 bis 1272, Wismar 1912 (Festschrift für die Jahresversammlung des hansischen Geschichtsvereins und des Vereins für Niederdeutsche Sprachforschung Pfingsten 1912).
J(oseph) A(dolph) TOMASCHEK (Bearb.), Die Rechte und Freiheiten der Stadt Wien, Bd. I, Wien 1877 (Geschichts-Quellen der Stadt Wien, I. Abtheilung).
Franz TSCHISCHKA, Geschichte der Stadt Wien, Stuttgart 1847.
Herbert TSCHULK, Die Entwicklung des Wiener Stadtarchivs zur wissenschaftlichen Anstalt: Von den Anfängen bis zum ausgehenden 19. Jahrhundert, Diss. Wien 1980.

Karl UHLIRZ, Die Continuatio Vindobonensis. Ein Beitrag zur Quellenkunde der Geschichte Wiens, in: Blätter des Vereins für Landeskunde von Niederösterreich, N.F. 29 (1895), 3–64 und 532–537.

Karl UHLIRZ (Hg.), Quellen zur Geschichte der Stadt Wien, II. Abtheilung, Bd. 1–3, Wien 1898–1904.

Karl UHLIRZ, Quellen und Geschichtsschreibung, in: Geschichte der Stadt Wien II/1, Wien 1905, 35–107.

Karl UHLIRZ (Hg.), Urkunden und Regesten aus dem Archive der k. k. Reichshaupt- und Residenzstadt Wien, in: Jahrbuch der Kunsthistorischen Sammlungen des Allerhöchsten Kaiserhauses Bd. 16, 2 (1895), LX ff. (zitiert nach einem Sonderdruck im WStLA).

Karl UHLIRZ, Urkunden und Regesten aus dem Archive der k. k. Reichshaupt- und Residenzstadt Wien, II. 1440–1519, in: Jahrbuch der kunsthistorischen Sammlungen des allerhöchsten Kaiserhauses Bd. 17 (1896), 1–163 (zitiert nach einem Sonderdruck im WStLA).

Franz UNTERKIRCHER, Die datierten Handschriften der Österreichischen Nationalbibliothek von 1451 bis 1500, Wien 1974 (Katalog der datierten lateinischen Handschriften in lateinischer Schrift in Österreich 3).

Friedrich WALTER, „Die sogenannten Wiener Testamentsbücher“ (1395–1430). (Eine diplomatische Untersuchung). Prüfungsarbeit des österreichischen Institutes für Geschichtsforschung 1923 (Typoskript, abgeschrieben im Archiv der Stadt Wien um 1954), 1–5.

Wilhelm WATTENBACH, Das Schriftwesen im Mittelalter, 3. verm. Aufl. Leipzig 1896.

Matthias WEMHOFF (Hg.), Kunigunde, empfange die Krone. Ausstellungskatalog, Paderborn 2002.

Karl WEISS, Geschichte der Stadt Wien, 1. Abtheilung, Wien 1872; 2. Aufl., 1. Bd. Wien 1882.

Wien, Das neue –. Städtewerk, hg. unter offizieller Mitwirkung der Gemeinde Wien, Bd. II, Wien 1927.

Wien im Mittelalter, Wien 1975 (41. Sonderausstellung des Historischen Museums der Stadt Wien, Karlsplatz, 18. Dezember 1975 bis 18. April 1976).

Gustav WINTER (Hg.), Niederösterreichische Weisthümer, I. Theil: Das Viertel unter dem Wiener Walde, Wien 1886 (Österreichische Weisthümer 7).

Heinz ZATSCHEK, Die Handwerksordnungen der Stadt Wien aus den Jahren 1364–1430, in: MIÖG 63 (1955), 1–40.

H(artmann) J(oseph) ZEIBIG (Hg.), Copey-Buch der gemainen Stat Wienn 1454–1464, Wien 1853 (FRA II/7).

Zeit, Die – der frühen Habsburger. Dome und Klöster 1279–1379, Wiener Neustadt 1979 (Ausstellungskatalog).

KURZBIOGRAPHIEN

Zita Breu: geb. 1956, Restauratorin, 1996–2005 Aufbau und Leitung der Abteilung Restaurierung des Technischen Museums Wien, seit 2006 freiberufliche Fachplanung für Restaurierung. Lehraufträge an der Universität für Angewandte Kunst, Meisterklasse für Restaurierung.

Andreas Fingernagel: geb. 1957, seit 1995 Angestellter und seit 2008 Leiter der Handschriften-, Autographen- und Nachlass-Sammlung der Österreichischen Nationalbibliothek, Mitarbeit an Projekten der Österreichischen Akademie der Wissenschaften (Katalogisierung der illuminierten Handschriften der ÖNB „Mitteleuropäische Schulen I, II und V") sowie Projektleitung „Hebräische Buchkunst".

Karl Fischer: geb. 1950, seit 1984 Archivar im Wiener Stadt- und Landesarchiv (seit 2005 Stv. Direktor), Präsident des Vereins für Geschichte der Stadt Wien, Forschungen v. a. im Bereich der (Wiener) Kartographiegeschichte.

Alois Haidinger: geb. 1944, 1974–2009 Wissenschaftlicher Mitarbeiter an der Kommission für Schrift- und Buchwesen des Mittelalters der Österreichischen Akademie der Wissenschaften, seit 2004 Mitglied des Comité International de Paléographie Latine, Forschungsschwerpunkte: Mittelalterliche Kodikologie, Kunstgeschichte, Wasserzeichenkunde

Franz Kirchweger: geb. 1965, seit 1998 Kurator und seit 2007 stv. Direktor im Kunsthistorischen Museum Wien (Kunstkammer/Schatzkammer), Forschungen v. a. im Bereich des mittelalterlichen und frühneuzeitlichen Kunsthandwerks und der Reichskleinodien. Lehrbeauftragter an den Universitäten Wien und Graz sowie der Universität für angewandte Kunst in Wien.

Max Krauss: geb. 1959, seit 2007 Restaurator des Wiener Stadt- und Landesarchiv, zuvor von 1991–2006 Mitarbeiter am Institut für Restaurierung der Österreichischen Nationalbibliothek, Wien (ÖNB). Dort neben der Tätigkeit als Buchrestaurator mit zahlreichen Projekten zum Thema „Bestandserhaltung" betraut.

Ferdinand Opll: geb. 1950, seit 1989 Direktor des Wiener Stadt- und Landesarchivs; zahlreiche Veröffentlichungen zur mittelalterlichen Geschichte sowie zur Stadtgeschichte, darunter in dieser Reihe zuletzt: (gemeinsam mit Martin Roland), Wien und Wiener Neustadt im 15. Jahrhundert. Unbekannte Stadtansichten um 1460 in der New Yorker Handschrift der Concordantiae caritatis des Ulrich von Lilienfeld (2006).

ABBILDUNGSNACHWEIS

Akademie der bildenden Künste, Wien (Foto: Manfred Schreiner):
im Beitrag von Krauss die Abb. 14

Zita Breu:
im Beitrag Kodikologische Beschreibung die Abb. 1
im Beitrag von Krauss die Abb. 16 und 17
im Beitrag von Frau Breu selbst die Abb. 1 und 14–16

Österreichische Nationalbibliothek:
im Beitrag von Fingernagel – Kirchweger die Abb. 5 und 6

Staatsbibliothek Bamberg:
im Beitrag von Krauss die Abb. 5, 6 und 8

Stiftsbibliothek Heiligenkreuz:
im Beitrag von Fingernagel die Abb. 3 und 5

Stift Melk:
im Beitrag von Fingernagel – Kirchweger die Abb. 7 (hier nach: Fillitz – Pippal, Schatzkunst, Abb. 104.4.)

Technische Universität, Wien (Foto: Martin Lettner, Florian Kleber):
im Beitrag von Krauss die Abb. 15

Universitätsbibliothek Salzburg:
im Beitrag von Fingernagel die Abb. 7–9

Wiener Stadt- und Landesarchiv, Archivbibliothek Sign. B 75/2:
im Beitrag von Opll die Abb. 1

Wiener Stadt- und Landesarchiv, Buchbinderwerkstätte:
im Beitrag von Krauss die Abb. 10

Wiener Stadt- und Landesarchiv, HAU:
im Beitrag von Fischer die Abb. 2–5
im Beitrag von Haidinger die Abb. 3, 10 sowie 14–16

Wiener Stadt- und Landesarchiv, Hs. A 1/1 (Eisenbuch):
im Beitrag von Haidinger die Abb. 1, 2, 4–6, 8–9, 11 und 17
im Beitrag von Fingernagel – Kirchweger die Abb. 1–4 und 8–10
im Beitrag von Fingernagel die Abb. 1, 2, 4, 6 und 10–18
im Beitrag von Krauss die Abb. 1–4, 7, 9, 11–13 und 18–19
im Beitrag von Breu die Abb. 1, 3–14 sowie 16–18

Wiener Stadt- und Landesarchiv, Hs. A 97/1 (Handwerksordnungsbuch):
im Beitrag von Haidinger die Abb. 7, 12 und 13

Wiener Stadt- und Landesarchiv, Oberkammeramt B 1/1, Bd. 48 (Jg. 1487):
im Beitrag von Fischer die Abb. 1